賴仕涵 文·攝影

心靈整形DIY

走出舒適圈，冰島大冒險

謹將本書獻給過去的我、未來的我，以及現在的各位

本書版稅作者將全數捐贈「尖石鄉那羅部落方濟幼兒園」

CONTENTS

作者序　為什麼「心靈整形」比「身體整形」重要？ /004
前言　冰島大冒險 /006

第一章　悲觀宅男的一生 /010
我的一生 /012
記得當時年紀小──國小 /015
少年不識愁滋味──國、高中 /018
為賦新詞強說愁──大學 /021
我不想活了──服兵役 /024
晚到的叛逆期──初出社會 /027
醫師也要吃抗憂鬱藥──專科醫師 /030
全新的開始──開業 /034

第二章　開闊的視野──化妝、雷射 /036
心靈整形第一步驟──開闊你的「視野」 /038
開闊視野的管道──閱讀 /042
開闊視野的管道──旅行 /047
開闊視野的管道──大自然 /053
開闊視野的管道──人際互動 /057
開闊視野的管道──網路 /062
開闊視野的行動原則──和自己「唱反調」 /067
開闊視野的行動原則──循序漸進 /073
開闊視野的行動原則──學習「觀察」 /078
開闊視野的行動原則──學習「不批判」的「體會」 /082

第三章　寬廣的心胸──微整形 /086

心靈整形第二步驟──寬廣你的「心胸」/088

對「自己」寬廣心胸──「捷思法」/092

對「自己」寬廣心胸──自動化思考（一）/096

對「自己」寬廣心胸──自動化思考（二）/100

對「自己」寬廣心胸──自動化思考（三）/104

對「自己」寬廣心胸──自動化思考（四）/108

對「外界」寬廣心胸──整合理論 /111

整合理論──位階 /116

整合理論──面向 /120

整合理論──類型 /124

整合理論──象限 /128

如何寬廣心胸──自動化思考修正技巧 /132

如何寬廣心胸──Zoom In 與 Zoom Out/136

如何寬廣心胸──練習 Zoom In 與 Zoom Out/140

如何寬廣心胸──「騙自己的頭腦」/144

如何寬廣心胸──「騙自己的頭腦」有理論根據嗎？/148

如何寬廣心胸──「同理」的初級班 /152

如何寬廣心胸──「同理」的中級班 /156

如何寬廣心胸──「同理」的高級班 /160

寬廣心胸之後？/164

第四章　自我覺察──全身整形手術 /166

心靈整形第三步驟──學習「自我覺察」/168

「自我覺察」的重要性何在？/170

自我覺察的最佳時機？/173

身體會告訴你答案 /176

心理會告訴你答案 /180

練習「移動」/185

練習「移動」的高階技巧──做「超過負荷」的事 /189

怎麼練習「自找麻煩」？/193

「移動」的正確心態 /197

「漸修」與「頓悟」/200

不只是整形，而是「心靈易容術」──中庸之道 /204

中庸之道與整合理論 /208

心靈整形最高境界──整於無形、預知未來 /213

最後的提醒 /219

後記 & 感謝 /220

作者序
為什麼「心靈整形」比「身體整形」重要？

　　曾幾何時，臺灣社會也開始瘋起「整形」。不論大街小巷、大城小鎮，幾乎都能見到醫學美容的招牌。不僅新聞媒體、電視節目經常有相關資訊討論，連踏進書店都會見到一本又一本的醫美、整形類書籍。

　　其實，「整形」原本就是醫學的一部分，在某些狀況下也確實有其必要性，平心而論應該算是「中性」的。然而由於過度渲染，加上價值觀的轉變，讓它漸漸遠離原本的軌跡，慢慢蒙上不一樣的色彩。

　　我並不打算討論其中的是非利弊，只想提出一個重要的概念：雖然都是為了「使自己變得更好」，但是「心靈整形」比起「身體整形」重要許多，也更值得投資。理由會在書中一一揭露，在此先說明幾個兩者間的關鍵差異。

　　一、花費不同：心靈整形的花費便宜許多，在日常生活中的每一天都可以進行，而且靠自己就能進行，不用額外花多少錢。

　　二、效果不同：心靈整形的效果好很多，不會「撞臉」、「撞胸」、「撞臀」。

　　三、影響不同：心靈整形的影響持續較久，而且還能不斷「升級」，只會越整越好，

而不會越整越糟。

　　說來奇怪，心靈整形既然有這些遠勝於身體整形的好處，為什麼偏偏很少被提出、倡導，甚至還常被忽略？原因就在於它無法「速成」，需要有耐心、有毅力的進行，才能見到成效。

　　話雖如此，它卻也沒有想像中的困難，而是「日起有功」，只要持續努力，就能逐步帶來改變。更重要的是，連我這個從小到大都被認為是個「怪咖」的人，也能靠自己摸索、嘗試而進行心靈整形，比我來得正常、尋常的大多數讀者，當然就更沒有問題了！本書就是要和大家分享這段改變的過程，並提供實際可行的「DIY 操作原則」。

　　附帶一提，書中的「悲觀宅男」部分完全真實，至於「精神科名醫」這幾個字則有待商榷。特此聲明，避免誤會。

前言　冰島大冒險

　　關於 2013 年 7 月冰島大冒險的計畫，早在成行前一年半就已經萌芽。那時，2012年暑假的格陵蘭之旅已經準備就緒，我因而陷入失去動力的狀態（「動作」太快的一大缺點）。然而在一次漫無目的的網路閒晃，外加一次因緣際會的偶遇之後，就此改變了我的一生。

　　一切都要從這個關鍵字說起——「Highland」。雖說和冰島已經有三年的「緣分」，也做過許多「功課」，但是對位於其國土中央的這塊內陸高地，卻一直有意無意的加以忽略，甚至「敬謝不敏」。理由其實顯而易見：太荒涼了！不但交通不便（幾乎都是未鋪柏油的砂石路），而且是無人居住的不毛之地，更沒有為人熟知、值得一探的景點，因此向來罕有遊客造訪。但是說也奇怪，不知為何它一直在我腦海中縈繞不去。

　　偶然造訪了 Lonely Planet 網站的旅遊討論區，讀到一篇關於 Highland 健行的文章，好奇之下「衝動」的回帖詢問了作者幾個問題。怎知作者如此熱心（或許是因為難得找到「同好」），鉅細靡遺的提供了相關資料，我們也改以 E-mail 聯絡。

　　先讓我打個岔說明作者的來歷：M 是一位四十出頭的單身女性，在柏林工作。2001年第一次到冰島旅行後，她就深深愛上那裡的大自然，十多年來已經造訪超過三十次，最後更進一步在冰島置產。特別之處在於，M 最喜歡的旅遊型態是健行加露營，而且幾

乎都是獨自一人。更令人訝異的是，多年來陪伴她走過幾千里路、在荒野中度過幾百個夜晚，她最愛的、隨身攜帶的書籍竟然是老子的《道德經》！其實，這也是我們會相談甚歡的另一個原因：都對「身心靈」概念有濃厚興趣。

　　就這樣，我「半推半就」的展開了將近一年半的漫長準備工作。至於為什麼有必要花上這麼長的時間？這就得從我打算前往健行的「Askja Trail」談起。

　　這條耗時五天四夜的健行路線，總長度約 140 公里，位於 Highland 東北部區域，一塊面積將近 3,000 平方公里的沙漠，名為「Odadahraun」（臺北市、新北市相加也才不過 2,300 平方公里）。與一般大家所熟知的沙漠同樣面積遼闊、寸草不生、水源缺乏，最大的不同則在於它是「黑」沙漠，而非「黃」沙漠。

　　使它聞名全球的原因，在於它號稱擁有「全世界最接近月球表面的地形」，當年阿姆斯壯一行登陸月球的太空人團隊，出發前就是來到此地接受集訓。也因此，2012 年 8 月在他過世後，冰島報紙還因為這數十年前的「緣分」而推出專刊悼念。

　　雖然交通不便、地形險惡（外加底下的火山隨時可能爆發），但此地仍吸引不少內行的背包客前往「朝聖」。想要「征服」這條路線，必須克服以下幾個困難：

　　一、面積遼闊：舉目盡是黑沙石，缺乏明顯的地標（山脈或河流），加上時有雨、

霧攪局，增加方位判別難度。只有幾個孤伶伶的小木屋（hut）座落在遼闊的沙漠中，一旦找不到，就只能隨處紮營度過寒夜。

二、氣候不穩：陣雨是家常便飯（連「草」都很稀有了，當然沒有可以遮風避雨的「樹」），7、8月夏季的夜間氣溫仍可能接近攝氏0度。

三、地形崎嶇：雖然名為「沙漠」，但因為是火山運動所造成，所以並非平坦的地形，而是不時要在高低起伏、堅硬銳利的火山岩石堆中跳上跳下辛苦前進。

四、補給困難：不但完全沒有糧食可以購買補充，有三天路程甚至可能完全沒有水源。這就意謂著，除了露營裝備與衣物之外，還得自己揹著五天份的食物、三天份的水，保守估計背包總重接近25公斤。

一、二兩項都可以靠錢解決，忍痛購買高階露營用品（背包、帳棚、睡袋、爐具、衣物等），以及必要的高比例健行專用地圖、衛星定位求救器，畢竟得先確保人身安全。至於第三點，因為常常健走、登山、騎單車，所以我對自己的腳力還頗有自信。雖然五天「140」公里這數字聽起來挺嚇人的，但還嚇不著我。然而第四點可就不是如此了。

「25」這個聽起來似乎不怎麼樣的數字，從平日登山時很少揹超過5、6公斤的經驗判斷，我推測它的威力不小，絕對無法「速成」，而這也正是準備時間必須拉長的原因。

　　25 公斤究竟有多重？相信絕大多數的讀者和我一樣，從來沒有體會過。我非常謹慎、務實、且悲觀的「低估」自己的能耐，先從負重 8 公斤、完全沒有起伏的平地走 12 公里作為測試（不到每天平均要走的一半路程）。走完以後，我立刻把 25 公斤的威力從「不小」提高到「非常巨大」，並且著手進行減輕裝備重量的工作。

　　原本打算以每個月增加 2 公斤背包重量的計畫，逐步增強負重能力。但是很不幸的，格陵蘭之行的一次意外，讓我花了五個多月時間修養，完全無法進行訓練！那時機票、住宿都還沒訂，其實還有「回頭」的機會，但是我很清楚，隨著年紀增加，身體狀況只會逐漸往下（越易受傷、越難復原），心理狀態也一樣（越來越沒有「挑戰」的勇氣）。所以，我還是毅然照計畫進行，甚至還臨時決定「加碼」，自己走完 Askja Trail 以後，等老婆結束波蘭行程飛冰島，兩人再一起走四天三夜的「Laugavegur Trail」──它向來是冰島最廣為人知的健行路線，2013 年更被《國家地理雜誌》選為全球二十大夢幻步道之一（20 dream trails）。

　　我就這樣順其自然、不強求的訓練，直到出發前只練到負重 19 公斤，也從未走超過 15 公里。抱著刻意鼓起的信心，踏上這段未知的旅途，說真的，這是我近幾年旅行中，第一次在出發前完全感受不到「興奮」。

　　話說回來，這樣一條鳥不生蛋、雞不拉屎的路線，為什麼還是會吸引前往一探的健行客？為什麼我還是要堅持走它一回？究竟它和「心靈整形」又有什麼關聯？

第一章

悲觀宅男
的一生

我的一生

　　在診間中，有時為了醫療需要，會和個案分享我的成長過程。毫無意外的，幾乎沒有人相信過去的我真是那個模樣，甚至會以為我是為了安慰他們才「捏造」這些故事。因為，過去的我不但集身心科門診常見問題於一身，甚至根本就是最佳負面教材！

　　類似以下的問題，我已經不知道被問過多少次了：「你以前那樣的個性，怎麼可能成為背包客，自己一個人跑到那麼偏遠的地方自助旅行？」甚至還有個案在讀過我的前兩本書之後，正經八百的問我：「看了你的書以後，我很好奇你怎麼有辦法活到現在，而且還活得好好的？」

　　其實原因並沒有多神祕，只不過是因為我進行了好幾年的「心靈整形」。然而，「只不過」這三個字，要說簡單也還真沒那麼容易。且讓我們按部就班，從我的國小生涯談起，聽我娓娓道來何謂「悲觀宅男」。

雖説每次抵達的城市不同，但我已經逐漸習慣，總是在接近午夜時分搭乘前往歐洲的班機，清晨抵達後再轉機飛冰島。這是我刻意安排，讓自己踏出舒適區（Comfort Zone）的嘗試之一。這次的轉機地點是德國法蘭克福（Frankfurt），抵達之後和老婆分頭走，她飛波蘭、我飛冰島。

下午 4:00 抵達冰島國際機場（Keflavik International Airport），搭上接駁巴士 Flybus，趕往雷克雅維克市區的巴士總站 BSI 之後，走到 1 公里外的國內機場（Reykjavík Airport），稍作休息後搭上 20:00 前往 Akureyri 的班機。20:50 抵達後，這段 12,000 公里、耗時超過 29 小時、馬不停蹄的旅程才正式告一段落。

之所以在剛出發就如此舟車勞頓，是因為要前往 Askja Trail 實在沒那麼容易。我會在東北第一大城 Akureyri 停留兩晚，一方面休養生息，一方面趁第二天整天的空檔進行裝備整備。因為，雖然露營必備的瓦斯爐頭可以上機，但是燃料瓦斯罐禁止托運，只能在當地購買。此外，前後共計十天九夜的食物（前半段餵飽自己即可，後半段加上老婆就是兩人份了），如果要全部從臺灣帶過去，也不太符合成本效益。

第三天一早搭乘巴士前往米湖（Mývatn）東北側的 Reykjahlíð，又得再耗上一晚，因為從米湖前往 Askja Trail 起點的班車，每天就只有早上 8:00 那一班。不過，正好可以利用將近一天的時間，探訪我從未造訪的米湖，也是件好事。畢竟，它可是被稱為「全冰島最浪漫的景點」呢！

隔天經過 2.5 小時的路程後，一下車就得把握時間立刻展開第一天 18 公里的健行。順利的話，經過六天五夜（註一）、140 公里的跋涉後，會走回米湖南邊的環湖道路上。運氣好的話，能搭上便車回 Reykjahlíð，否則就得再走 10 公里湊出一個漂亮的數字 150 了。

休息一晚後，隔天一早又得搭上巴士（每周只有三班），從北冰島一路縱跨 Highland 到南冰島的 Landmannalaugar 和老婆會合。區區 250 公里的距離，竟然得花上近 10 小時的車程！其中的奧祕容後再述。在 hut 度過一晚養精蓄銳，花四天走完 55 公里，這次的冰島大健走才落幕。

不過，有自助旅行經驗的讀者一定明白，計畫永遠是為了被打破而存在的。尤其這次旅程牽涉到太多外在（交通、氣候）、內在（個人身心狀態）變數，所以我從出發前就抱持著「戒慎恐懼」的心情，甚至已經達到「擔驚受怕」的程度。如此一來，所造成的直接影響有二：

· 「心不在焉」：騎機車上下班時險象環生，有一次還誇張的在起步加速時，「忘了」把踏在地上支撐的右腳抬起來，使得腳掌被卡進車底拖行了數公尺！還好我早

已為了預防萬一，只要出門就一定穿上高統靴，所以將傷害減到最低，只有造成輕微扭傷。

「過度謹慎」：急救用品就算了，連 GPS 及衛星定位求救器的備用電池也準備了好幾份，甚至連萬一帳棚被「吹破」時（註二），需要用上的超黏膠布、針線都準備了。因此，行李重量不斷攀升，在航空公司櫃檯 check in 時，我的背包是 19 公斤，老婆的則是 11 公斤。話說老婆的背包究竟與我何干？

註一：眼尖的讀者是否發現這個數字怪怪的？怎麼從之前提到的五天四夜增加一天了？原因是經過
　　　幾個月的訓練之後，我把最後一天（依照專家規劃）40公里的路程，很「識相」的拆成兩天走。

註二：這可不是開玩笑的，德國朋友 M 和我一樣使用瑞典頂級帳棚品牌 Hilleberg，就曾經在冰島荒
　　　野中被強風吹破，差點因失溫而釀成悲劇。

記得當時年紀小──國小

　　小學時期最深刻的記憶之一，正是「登山健行」。那時的住家就在山邊，只要沒下雨，爸媽就會一早把我們兄弟倆挖起來，強迫我們一起去爬山。所謂「一早」是多早？因為7:30 要上學，所以 5:30 就得起床才來得及。在溫暖的季節也就罷了，只要忍受頭昏腦脹、睡眠不足就夠了，在冬天（印象中當時的天氣似乎比現在來得冷），則得再加上離開溫暖被窩、進入呼嘯冷風中的痛苦。也因此，幾乎沒有哪天是心甘情願、滿心歡喜的迎接早晨。

　　登山過程中，全家人會在半山腰的一處家族墓園吃早餐──你沒看錯，的確是「墓園」，而且整座山其實就是我家鄉的公有墓地之一。不知是否因為如此，從小我就很怕「不乾淨」的東西，全身上下隨時都帶著五個以上的「平安符」（祖母從各個廟宇幫我求來的，每個都有「過香爐」，很靈驗的喔）。更誇張的是，每晚上床前，我都要依照自己當天的「感覺」，來安排這些平安符所放置的位置：關老爺今晚要鎮守枕頭底下，還是床尾？觀世音菩薩該戴在胸前，或者拿在手上？這些「抉擇」每晚總要上演一次。

　　這樣的登山健行活動，對我所造成的另一個影響則是「討厭大自然」──每天被強迫不愉快的從事一件活動，久而久之會產生這樣的「連結」其實不難理解，這也埋下了我日後成為標準「大宅男」的種子。

小學時期另一個深刻的記憶則是「竹筍炒肉絲」。究竟每隔幾天會享用一次這道菜已經不可考，不過總之很常吃就是了。除了和弟弟吵架、打架會被招待之外，只要沒有乖乖認真「學習」也很容易被餵食，學習什麼呢？學校功課嗎？非也！鋼琴、心算、速讀、寫作、閱讀、繪畫……天知道還有哪些。

如此一來對我造成一好、一壞的兩個影響。首先，壞在我越來越乖、越來越聽話。這有什麼問題嗎？看下去就知道了。至於好，則是讓我有機會「被迫」接觸許多「可能性」，許多我根本沒興趣、也不想學的事物。這又怎麼會是好事呢？等我長大了才知道。

小學時期最光榮的回憶，則是參加「朗讀」比賽，一路從校內、草屯鎮、南投縣過關斬將，最後在全省比賽中得到第二名。這對當年城鄉差距比現今更巨大、平時連國語都說得不太標準的「鄉下小孩」而言，可是件不得了的大事。也難怪不只校方大張旗鼓的宣揚，連報社也來採訪，甚至還有機會上電臺朗讀故事。

然而，這樣光榮的背後卻也帶來難以預料的後遺症──我被「霸凌」了。坦白說，現在回想起來已經很模糊，連有沒有被打都不確定。只記得一群別班同學圍著我，一一口出惡言「修理」我，然後我哭著跑回教室。至於後來班上同學知不知道這件事？有沒有人幫我「十倍奉還」？礙於尺度不便透露，而且這也不是本書的重點。重點在於，「霸凌」這件事，或者「體罰」這件事，究竟會不會對小孩帶來長期的「陰影」？後續我會回到這個主題。

國小階段的寫照：壓抑、怕鬼、怯懦、乖寶寶。

旅行筆記

雖然這已經不是第一次到「摩爾」機場貴賓室，但是對於這種「有錢人」出沒的地方，我一方面沒什麼好感，另一方面也依然感到不太自在。它的全名是「摩爾國際商務中心暨貴賓室」（The MORE International Business Center & Premium Lounge），稍微查了一下網站上的廣告詞：

「讓您候機的等待成為一種**藝術的饗宴**」，「頂級候機的貴賓禮遇」。

嗯，感覺就是很高級……但是也很不自在。

貴賓室內除了供應中西精緻餐點之外，還有電漿電視、百萬音響、油畫真跡、歐美進口家具、水晶世界時鐘、義大利雪花石大燈、日本原裝進口自動演奏鋼琴……有好幾個名詞我還真是不懂，也不太明白它們的高貴之處在哪裡。

話說回來，既然不自在，為什麼每次登機前我還是會來報到一次？看看我來這

兒都做些什麼事，就能猜出一些端倪了。首先，
休息睡覺（高貴的按摩椅派上用場）。其次，
翻翻書報（可惜種類不夠多）。最後，喝杯水
（再貴的礦泉水成分終究還是 H_2O）。然後，
上個廁所準備登機。

　　若不是有信用卡附帶的「Priority Pass」卡
得以免費進入，像我這樣的使用方式還真是浪
費（付費進入是 3 小時臺幣 1,100 元）！附帶
一提，千萬別以為進機場「貴」賓室有多貴，
像我這種很少購物刷卡的人都能申請到了，許
多習慣以信用卡簽帳的讀者絕對都符合資格，
只是不知道罷了！

少年不識愁滋味——國、高中

　　進入私立學校，而且一讀就是六年，對我的人生帶來巨大的影響。那是個升學主義掛帥，唯成績是問的年代，除了每學期四次大考之外，重要科目至少每周還會有一次小考。每次大考之後，可不是各自拿到成績單就算了，還會在全校各公布欄張貼「成績排行榜」——從全校第一名到最後一名，全都一覽無遺！每次小考之後，也不是各自拿到成績單就算了，接受招待請吃飯可說是名副其實的「家常便飯」，吃的是哪道菜應該不用我多說了吧？

　　由於是搭乘校車上下學，又很少參加課外活動，所以每天見到的臉孔都是固定的那些，每天做的事情也都是固定的那些（主要當然就是讀書）。這樣的生活，為我帶來兩個重大影響，依然是一好一壞。好的是，在晃動的校車上讀了六年書，把我訓練成不但不會暈車，還能在所有移動的車輛中閱讀，甚至愛上了「閱讀」，以及「在車上閱讀」。壞的則是，我變得越來越宅，越來越內向害羞。

　　原因當然還得加上進入青春期的我，臉上冒出了許多青春痘，因此對自己的外貌越來越沒信心。每次不得不搭乘公車，不得不和司機、車掌小姐（那個年代還有）互動時，緊張到說不出話來是必然的。如果沒位子坐又只能站在公車前半部，我總覺得乘客的眼光都在注意我（尤其是我臉上的痘子），不但會緊張到表情緊繃，甚至還會冒冷汗。從

那時起，我每次搭公車都會盡量坐在最後幾排，直到現在依然如此。進入精神科工作以後，我才發現如果依照診斷標準，那時的我已經很接近「社交焦慮症」（social phobia）的程度了！

高中時的我對「文學」產生莫大興趣，而且注意力開始從「閱讀」轉移到「創作」。每次上作文課，不管老師出的題目是希望我們練習抒情文、論說文、記敘文，我總會將它們寫成短篇小說，因此從來沒辦法在兩節課的限定時間內完成，總得多花上幾天時間。話雖如此，縱使每次都因遲交而被扣分，我的作文分數在班上還是名列前茅，所以這樣的「壞習慣」依舊持續下去（回頭想想，這似乎是當時的我，唯一所能做出的「不聽話」行為）。

高中的我也對「哲學」產生莫大興趣，但不是「閱讀」哲學書，而是「討論」自以為是的哲學內容。這就得怪我那位好友 S，總是能和我互相問答、激盪關於人生的種種想法，我們更曾多次夜宿對方家中，徹夜長談人生意義、活著的目的。搭配上媽媽容易擔心焦慮的個性對我造成的影響，我逐漸成為標準的「少年維特」——自尋煩惱、負面思考、悲觀消極，只差沒有想不開、不想活，原因或許是怎麼想都想不通，所以根本還輪不到思考「死」這回事。

不過，有件對我一生帶來重大影響的事值得一提：國小畢業、國中畢業這兩年暑假，父母分別帶著我們兩兄弟前往日韓及歐洲。當年臺灣才剛開放出國旅遊，一個人的團費幾乎就等於平常人半年的薪水，而父母又都是從未賺外快（意即在家開補習班）的普通老師，回想起來他們還真是瘋狂。這就得感謝我那異於常人的祖母，鼓勵並要求父母這麼做了。

即使不談她豐富曲折的一生，她求知上進的慾望，以及接受新資訊的開闊胸襟，還是令親友們都大感佩服。以 70 歲高齡參加英語進修班，還曾獲得老人說故事比賽冠軍，更參加過社區插花班、家政班等課程。開明的她很能接受新觀念，全家聚餐如果要吃牛排之類的西餐，她也不會有所抗拒，而是欣然接受與我們一起享受美食。這一切雖然在今天已經很普遍，但是在民國八十幾年那個時代，對於一個出生、成長在鄉下，只有國小畢業的女性，卻是很罕見的。

也因為這兩次的出國經驗，在我幼小的心靈中種下種子，日後也才會有發芽茁壯的一天。

中學階段的寫照：負面、悲觀、內向、社交畏懼、書呆子。

旅行筆記

雖說比起同齡者更早有出國的機會，也早已

練就一身「車上閱讀」的本領，但是碰上「長程班機」我還是沒轍！更精確的說，只要搭機時間超過「5 小時」，我就會開始暈機、嘔吐。偏偏這些年幾次出國，都是歐美、紐澳這些航程 10 小時起跳的目的地，所以每次搭機對我而言都是一大折磨，差別只在於總共吐了幾次、有沒有吐出血、胃液是從嘴裡或鼻子裡冒出來！我甚至好幾次吐到不舒服到極致，心中不斷祈禱飛機墜機，因為這是唯一能立刻結束痛苦的方法！

試過出發前正常飲食、出發前 12 小時禁食、出發前只喝水；試過服用各種止暈、止吐藥；試過晚上出發、早上出發、下午出發；試過拚命睡、拚命維持清醒，沒有一個有效！至於機上的餐點？訂過普通餐、速食餐、水果餐（每個餐盒裡裝的都是水果，還常常會重複），結果連只喝水也照吐不誤，航空公司要賺我的錢真是太輕鬆了，應該送我一張 VIP 卡。

為了進出座位方便，我總會訂廁所附近少數的那幾排兩人位。如果老婆同行當然最好，如果是獨自行動，至少只要「跨過」一個人就能抵達廁所。附帶一提，飛機餐的獨特氣味是我最好的「催吐劑」，所以我幾乎全程都會戴上口罩，用餐時間甚至還得戴上兩層，以減少氣味對我的刺激。

不過，這幾次出國發現一個似乎可以減輕症狀的方法：不斷看電影。除了剛起飛、快降落這兩個時段無法使用個人娛樂設施之外，其他時間就一直盯著螢幕。這次飛法蘭克福共 13 小時 20 分鐘的航程，去除幾部短片不提，我總計看了五部電影。

先以「鋼鐵人 3」的聲光效果提振精神，再以「遺落戰境」的未來設定及冰島景觀延續好心情，接著以沉悶的「印象雷諾瓦」平靜過於亢奮的情緒，再來一部輕鬆小品「神偷艷賊」欣賞凍齡美女卡麥蓉迪亞的演技，最後以沉重的日本電影「稻草之盾」（註）收尾。

這幾部影片會在後續章節中再度登場，其中「鋼鐵人 3」更會在全書最後扮演重要的收尾角色，請不要忘記它們。

註：2013 年 7 月搭機時，這部電影還未在臺灣上映，這是從日文片名「藁の楯」直譯而來，2013 年 11 月才以「十億追殺令」的片名在臺上映。

為賦新詞強說愁——大學

　　電影在我的大學生涯中，扮演了很重要的角色。因為雖然「被迫」進入醫學院，但依然沒有減損我對文學的熱愛，甚至和許多「文藝青年」一樣，也愛上了「進」電影院（不是「看」電影）。首輪電影院、二輪電影院各有各的觀眾群，日場電影、夜場電影也各有各的氣氛。至於令我印象最深刻的觀影經驗，則是叫好、叫座各有一片。

　　‧「叫好」：奇士勞斯基「藍白紅三色」系列中的「白色情迷」。子夜時分，在臺中最大的電影院裡，只有稀稀落落十來個觀眾，身旁坐著……我的同性好友。他是來自日本的僑生，英文不好，雖然會講中文但是不太流利，讀中文字則很吃力，這表示他其實看不太懂這部片在演什麼，只是被硬拖來「保護」我——因為我想體驗看夜場電影的感覺，但又怕一個人半夜在臺中街頭遊蕩很危險。

　　‧「叫座」：當年的賣座巨片「鐵達尼號」。雖然比不上一些瘋狂的粉絲，但我前後也進過四次電影院看這部片。倒不是覺得有多好看，而是為了「體會」完全漆黑的空間中，此起彼落的啜泣聲，有時還能加入行列「贊助」幾聲，順便宣洩鬱悶的心情。誇張的是，竟然每次電影才剛開始、片頭曲一播放，就有人開始哭了！

　　除了電影之外，搬離家中的我有如逃脫籠中的小鳥，開始大量閱讀小說。小學時的「速讀」訓練派上用場，平均每周至少讀五本小說（一次所能借閱的書籍數量），上課讀、

下課讀、周間讀、周末讀。幾年下來，把距離學校不遠的省立臺中圖書館裡，幾乎所有的歐美、日本小說都借過一輪。

不過，這兩大興趣也帶來了兩大後遺症。首先，我變得既孤僻又龜毛。因為「自處」、「自娛」慣了，越來越不喜歡交際，從沒加入社團也就罷了，連系上最重要的「家族」聚會，也是有一搭沒一搭的參加。除了室友之外，幾乎沒有和其他同學互動。

其次，我變得極度多愁善感，這樣的改變在遭遇「情傷」時尤其明顯。每當有個案向我訴說自己失戀時的「異常舉動」，並且感到極度擔心之際，只要我說出當年的「豐功偉業」，他們往往就會發現「原來我還很正常」，進而覺得釋懷不少。

· **耍脾氣**：為了「堵」一位關係曖昧不明的女同學，騎著機車在學校周圍馬路上一圈又一圈的繞，繞了 1、2 小時，繞了超過一百圈（我們學校小得可憐，所以很快就能繞一圈），只是為了讓她知道我的心意。結果當然是適得其反了！

· **淋雨飆車**：當時騎機車還不用戴安全帽，在某一次情傷加上罪惡感的雙重打擊之下，我趁著大雨滂沱之際，故意騎車在臺中市的大街小巷狂飆，一邊飆車，一邊飆淚。雖然騎的只是名流 100，不可能飆到多快，但事後想想還真為自己捏了一把冷汗，竟然能毫髮無傷的回家，也沒感冒……。

· **自虐裝可憐**：跑到單戀女孩的工作地點，沒有得到肯定的答覆，一把拿起她桌上裝著花的花瓶，一仰頭就把裡頭的髒水往嘴裡倒。結果耍帥不成，不但被她制止了，還被狠狠訓誡了一頓（她的年紀比我大）。

· **借酒澆愁**：連續一個多月，每天找不同朋友到學校後面那家 pub 灌酒（因為沒有人敢陪我連喝兩天），喝到店裡的人視我為上賓，喝到店裡的人錢也不想賺了，勸我不要老是調酒、啤酒、烈酒這樣一輪一輪的混著喝。

· **花錢消災**：因為心情太惡劣了，實習時每當不想值班（更不想「害人」），就花兩倍以上的值班費請同學幫忙，成為大家眼中的散財童子，有幾個月的薪水還入不敷出。

大學階段的寫照：孤僻、龜毛、宅、多愁善感、自虐。

旅行筆記

我的多愁善感，並沒有隨著年齡增加而消退。清晨抵達法蘭克福之後，再沒有電影可以轉移注意力，我因而不得不面對濃濃的離愁。原因是 2 小時後，老婆就要先轉機前往波蘭，再過 3 小時，我則要前往冰島展開大冒險。出發前對這次行程強烈的「擔驚受怕」感受，此刻已經增強到「心驚肉跳」，甚至「魂不附體」了。

我們找了轉機區中唯一已經開門的星巴克坐下來，將近 20 小時沒進食的我，卻依然絲毫提不起食慾。明明很想把握僅剩的相聚時間，卻又連話也不太想說，腦中一團混亂。看著隔壁桌兩位準備上班的機場工作人員，慢條斯理的看報、聊天、喝咖啡，不由埋怨起自己，幹嘛沒事替自己找麻煩，把自己搞得緊張兮兮！

由於兩人接下來的班機航廈不同，捨不得太快分開的我，決定先陪老婆到她的航廈（其實根本是她陪我）。本來以為至少可以一起到她的轉機櫃檯，甚至是登機門前，結果一到航廈就要檢驗證件，我們便這樣硬生生的被拆散，再相聚就是九天後了——如果我能平安完成黑沙漠之旅的話……。

分開前老婆慎重的問我，要不要放棄前半段行程，陪她一起先到波蘭，下星期再一起飛冰島完成後半段健行，反正波蘭不是熱門旅遊地區，一定還有機位。我很認真的思考了這個誘人的提議，最終還是艱難的搖頭拒絕了。因為，我並非只為了「好奇」而安排這次艱困的計畫，而是還有一個更重要的目的，與生命、死亡有關。

不過在這之前，我還必須先克服一個雖然看似沒那麼難，但確實是我的一大「罩門」——我一直覺得，充滿「不確定性」的未來令我既擔憂又恐懼，而死亡更是完全無法確定的未來。唯有先克服這第一關，才有資格挑戰「死亡」這個大魔王。因此，我才會安排這充滿挑戰、變數與可能性的計畫，將它當作一場試煉，以及對自己的深深期許。

我不想活了──服兵役

　　類似的感覺，我在當兵時第一次清楚的體會到。理論上應該是最規律而呆板的生活，最一成不變的每日作息，卻讓我感到深深的無力感。因為，當過兵的讀者應該都聽過這幾句話：「官大學問大」、「合理的要求是訓練，不合理的要求是磨練」。我尤其對後面這句話體會良多。

　　那是入伍新訓時的事，某天長官要全班到餐廳外集合，指著一條水溝要我們「把裡頭的水舀乾，讓水溝保持乾燥」。大夥兒起初傻呼呼的，賣力的拿起鋼杯、水盆就認真工作起來，一會兒發現不對勁，怎麼不斷有浮著泡泡的水從餐廳內往外流？稍一觀察相對位置，才發現這條水溝連接的應該是廚房的水槽，所以只要有人用水或清洗碗盤，就會不斷有水流出來。如此一來，豈不是得等到伙房人員都休息了，我們才可能完成「讓水溝保持乾燥」這個艱鉅的任務？某位不識相的同袍向長官提出這個疑問，得到的回答當然是：「叫你做就做，還囉唆什麼！」

　　就這樣，隨時都會有「前後矛盾」，甚至「超乎常理」的要求必須服從，過著「確定感」與「不確定感」混亂交互出現的日子，對我造成了兩大影響。首先是「憤世嫉俗」，其次則是「不想活」。前者應該很容易理解，後者除非親身體驗過，否則恐怕很難想像。

　　當半夜站衛兵時，看著營區外一輛輛準備上山夜遊的機車呼嘯而過，還不時傳來年

輕人的高聲談笑；當放完假從公車上走下來，踏著沉重的步伐準備進入營區，不知幾天後才能夠再重獲自由；當遇到不用當兵的同學，滿臉春風的問候我；當親戚朋友見面，誇我變壯、變黑了。每一個有意無意的人事物，總能造成我強烈的鬱悶情緒，卻也只能無奈地數著剩下的日子，除此之外別無他法。就算真有勇氣逃兵，萬一被抓到，不但要把還沒當完的日數補完，還得加上判刑的日數；即使沒被抓到，大概也只能躲躲藏藏的度過一生。想來想去，似乎就只剩下「死」這個選擇了……。

　　諷刺的是，全臺灣有史以來傷亡最慘重的天災，卻成了我的救贖。造成 2,415 人死亡的九二一大地震，在我入伍第三個月時發生了，而我所服役的單位，正好就位在引發地震的臺中縣車籠埔斷層上。接踵而來的，是一段超過半年的救災歲月，身為醫官的我必須在臺中、南投幾個重災區東奔西跑，提供對民眾與救災官兵的醫療支援。然而，這樣的奔波對我而言不啻為最大的解脫，因為我再也不用被「關」在營區內了，而且不管人到哪裡，都自然而然扮演被需要的、重要的角色，不再只是個剛下部隊的菜鳥義務役軍官。

　　然而，緊接而來的是很多人都曾遭遇過的「兵變」，只不過變的是「我」，而不是對方。因為處在部隊的環境中，讓我變得消極、恐懼、悲觀，連自己都沒辦法好好過了，更不可能有餘力談感情，只是把關係弄得越來越糟，終至分手收場。

　　役男階段的寫照：害怕不確定、憤世嫉俗、不想活。

旅行筆記

在法蘭克福機場的我與老婆道別了,當年的我則與老婆相遇了。此為題外話,暫且不提。回到預備轉機前往冰島的航廈,依照標示前往轉機櫃檯,怎知順著箭頭一路走就莫名其妙出關,身陷人潮擁擠的機場大廳。14:00 的班機,最早 3 小時前櫃檯才會開放 check in,本想到轉機區域內的貴賓室休息,如今計畫也泡湯了。只好眼明手快的搶到一個比較舒服的座位,呆坐著枯等 1.5 小時。身旁要不是一家人就是情侶,大家臉上都帶著即將到冰島度假的期待神情,不知他們眼中的我帶著什麼表情?總之臉色不會多好看就是了。

再一次入關後終於感覺餓了,或許是因為老婆已經人在空中,我也已經「抵達黃河」,也只好死心、認命了。買了花生與巧克力棒充飢,還特意避開登機門前候機的人潮,找了航廈最末端的區域坐下。完全沒有人在此處停留,只有偶爾來上廁所、使用吸菸室的人會經過,完全符合我當下的孤寂與淒涼。

休息夠了以後,拖著沉重的步伐走回登機門,沒想到還有超過 1 小時,竟然已經有不少人在排隊了!不過,這幾次往來冰島都會見到這樣的情景,因此我已經見怪不怪了。到底我是否應該跟著排隊?若是幾年前的我,絕對會毫不遲疑就跟上去「湊熱鬧」,不過現在的我卻不再是如此。悠閒的靠著牆席地而坐(註),準備等大家都差不多登機了,再慢條斯理、舒舒服服、一路暢通的動身。此情此景,正如同我退伍、正式出社會以後的寫照。

註:如果不是身在機場,而是在德國的火車站,請不要模仿我此時的「席地而坐」,否則可是會被和善(卻極有原則)的警察伯伯、阿姨警告的!

晚到的叛逆期——初出社會

　　農曆年後退伍，本來計畫一邊找工作，一邊把握接下來幾個月的空檔休息兼玩耍（醫院招收的第一年住院醫師，大多在年中報到開始工作）。怎知，一個晴天霹靂的消息徹底打亂了我的計畫⋯⋯以及心情。祖母被診斷出罹患白血病，而且病況嚴重，所剩時間不會超過半年。

　　接下來是一段忙碌而混亂的日子，對身為家族中第一個具有醫師身分的我而言，雖然擔負起的「實質」照顧責任並沒有比其他親人多，但是「心理」上所承受的壓力卻極大。不論是對病況進展的了解、說明，對治療選擇的判斷、決定，甚至祖母還偷偷問我關於「大體捐贈」的相關事宜。當然，這樣的大事還是得和家族裡的大人們討論，畢竟在傳統華人文化中這是很難接受的，尤其在為人子女的情感上更是如此。不過，在數次家族會議的討論後，大家最終還是決定尊重祖母的心願，捐出她的大體，供我母校的學弟妹在大體解剖課程時使用。

　　祖母在兩個多月後就驟然而逝，比預估的快了許多，當時離我上班報到還剩幾個星期。家人們都說，她一生為家庭付出，連最後這段時間依然如此——怕影響了我的人生大事，因此選擇提早離開。媽媽更告訴我，二十七年前我出生在農曆閏 4 月 21 日，二十七年後才再次遇上閏 4 月，也是我這輩子貨真價實的第一次農曆生日，祖母卻選在這一天

離開我……。

　　或許是因為從小就和祖母特別親近，再加上這些點點滴滴，後續幾年我一直處於「哀慟反應」（grief reaction）之中。不知從哪天起，我更發現自己突然變得很「怕死」。話說不怕死的人固然很少，但程度達到「死亡恐懼症」（death phobia，或稱thanatophobia）的卻不多。每當想到「死」這件事，尤其是在夜深人靜，沒有其他外在人事物可以轉移注意力時，對於死亡的未知、不確定、恐懼感就會席捲而至，讓我心情沉重、心跳加快、呼吸急促、難以成眠。

　　在此同時，初踏入醫療環境，開始建立「掌握病患生死」的意識與責任感，也壓得我喘不過氣來。每當住院個案外出、外宿、出院時，我總是強烈的擔心他們會不會出意外？會不會不回來了？睡眠變得很不安穩，就算睡著了，連作夢也不脫這些令我擔心害怕的劇情。女友（後來成為老婆）很快就發現，我的每一根手指幾乎都「體無完膚」，不但皮膚凹凸不平，連長出來的指甲也出現一條條的凹痕——因為只要我一緊張、焦慮，就會無意識的剝手指上的皮，甚至常常剝到流血也沒發現。

　　完成第一年的住院醫師訓練後，我再也忍受不了這樣的折磨，便毅然決定離職，試著追尋自己的作家夢。那段與父母形同決裂的痛苦日子，不知道下個月收入從哪兒來的窩囊感受（完全靠女友「養」），我在先前的著作中已提過。總之，兩個月後我就低著頭乞求主任讓我回去工作。

　　初出社會階段的寫照：哀慟、怕死、焦慮、自責、遲來的叛逆。

這究竟是第幾次搭上前往冰島的班機？我已經懶得再去算了。就算沒辦法坐在靠窗的位子，我也無所謂了。

身邊的乘客看起來大多是遊客，興致勃勃的觀賞冰島的介紹影片，其中有不少還邊吃零食、喝啤酒，充滿了度假的悠閒感。我則是陷入麻木狀態，不再想著老婆，也不再想著大冒險計畫。

3.5 小時的飛行時間過得比預期快很多，很快就要降落了。過去幾次每到這個時間點，我幾乎就能把自己的情緒切換到「休假模式」，但這次卻完全沒有這樣的跡象。

一下機，我駕輕就熟的完成領行李、換現金、買車票、上巴士這幾個動作，到目前為止一切都按計畫進行。之所以對時間這麼斤斤計較，是因為巴士抵達首都以後，還得趕往國內機場搭乘 20:00 往 Akureyri 的班機。雖然已經預留不少緩衝時間，但是如果能早點到，不但容易焦慮的我會感到比較安心，還有機會先享用一頓久違的餐點。

傍晚 5:00 左右抵達巴士總站 BSI，本來打算先在裡頭的附設餐廳打打牙祭，但不知怎的心血來潮，我決定直接出發前往機場。雖然首都雷克雅維克人口只有區區 12 萬，但下班的車潮還是頗為可觀，也由於這樣的「氣勢」，使我過馬路時不由自主的加快腳步，此時我才發現不對勁——怎麼稍微走快一點就氣喘吁吁？

其實這根本是標準的「當局者迷」，任何一個旁觀者都能輕易回答這個問題：我背後揹著自己的 19 公斤背包，前面揹著老婆的 11 公斤背包，總計 30 公斤，而且前面這一個因為不是用正常姿勢揹，所以很難施力。至於老婆的背包怎麼沒跟著她？理由很簡單，因為裡頭裝著她的健行裝備（下星期到冰島才會用到），憐香惜玉的我怎麼可能讓她辛苦的揹到波蘭？當然是由我概括承受囉！還記得出國前的集訓階段，最重從沒揹超過 20 公斤，況且此時的我已經連續四頓沒吃到正餐了，體內的血糖濃度之低可想而知。果然，想要展現男子氣概還是得有一定程度的能耐！

不過才區區 1 公里，我卻走到頭昏眼花，好幾條背部肌肉也幾近拉傷了。走進熟悉的機場大廳（其實根本是「小」廳，甚至比 BSI 的大廳還小），一眼望向 check in 櫃檯的資訊，竟然有班前往 Akureyri 的班機，原來是比我所訂還早一班的 17:30 班機。看看手錶還剩 5 分鐘起飛，應該不太可能吧？抱著可有可無的心態詢問櫃檯人員，答案竟然是還可以 check in，只是要加收更改航班的費用。此刻的我只想快一點結束這漫長的旅程，即使費用可以再多買一張機票，還是毫不猶豫就決定了。

狂奔了 100 公尺——至今我還是不明白，為什麼明明只停著一兩架小飛機，卻總要停在離航廈這麼遠的距離外，必須跨過一大段停機坪才能登機。一上飛機坐下，或許是因為緊繃的精神突然鬆懈下來，突然一陣暈眩感襲來。

醫師也要吃抗憂鬱藥——專科醫師

　　住院醫師第三年，我常常感冒、常常頭痛、常常暈眩到必須躺在值班室休息。雖然經過那段自我放逐的日子以後，我比較「心甘情願」的接受這個工作，但是壓力依然存在，尤其是即將面臨醫師生涯中最重要的「專科醫師考試」之際。一旦通過這個考試，基本上這輩子就可以再也不用準備任何考試了！這對從小考到大的醫師們而言，簡直是個難以抗拒的誘惑，卻也是個難以輕鬆面對的挑戰。

　　每個科別都有不同的考試方式，除了一定會有的筆試之外，精神科最特別的是要在40分鐘時間內，與一位從未見過面的個案（真正的病患，不是模擬個案）進行會談。花20分鐘整理自己的診斷與治療計畫後，再向從頭到尾都在一旁觀察的兩位考官做報告，接受嚴厲的詢問及修理後，由他們決定考生是否有資格成為獨當一面的精神科專科醫師。如果沒辦法順利通過，就要等半年才能再考一次。許多被看好的學長姐都不見得能一次過關，像我這種連醫師執照兩階段考試，都考了總計五次才通過的平凡人，當然更是一點也沒辦法樂觀，壓力之大自是不難想像。

　　我永遠記得考試當天主考官對我說的話，關於我為什麼能通過口試：因為你問了個案一句「你會不會冷？要不要幫你關冷氣？」這不是開玩笑，因為我的分數正好在及格邊緣，能低空飛過的關鍵就在於適時展現了「同理心」（empathy）。在往後的行醫生涯中，

我一直將這件事記在心上。

　　雖然看似前途一片光明，但我並沒有變得比較開心，反而在壓力突然消除之後，驟然失去了接下來的努力目標。開始過著看診、開會、值班的生活，加上繁瑣的行政工作、職場的人際關係，讓我覺得自己越來越不對勁。直到有一天發現再也笑不出來，對什麼事都提不起勁，不想吃、不好睡，覺得活著很沒意思，甚至好像死了也沒什麼關係，這才驚覺自己已經陷入憂鬱狀態了。

　　雖然我知道很多人對「抗憂鬱藥物」非常感冒，將它視為洪水猛獸、萬惡淵藪，但是當自己面臨這個狀況時，我還是決定先靠它來自救。頭昏腦脹、噁心想吐、睡眠異常這些常見的藥物副作用，我樣樣不缺（或許因為如此，我很能體會病患服藥時的不適感）。不過，在堅持了一個月以後，藥物終於發揮效果，我也才逐漸恢復正常。

　　專科醫師階段的寫照：憂鬱、忙盲茫。

旅行筆記

　　親切的空服員主動讓我換到最後一排的靠窗座位，吃過機上提供的巧克力及熱茶後，讓我覺得舒服不少。飛機正好飛過冰島西北部的幾個小型冰原，但機上的乘客竟然完全沒有人轉頭觀看或照相，可能因為他們大多是居民而非遊客吧！至於我，在經過 2012 年格陵蘭壯觀冰山、冰河的「洗禮」之後，此處的景象只能算是小兒科，所以也提不起興致。

　　50 分鐘航程過得很快，著陸後乘客也散得很快──拿完行李後，不到 5 分鐘航站內就空無一人了！依照原本的規劃，我應該是要從機場走到市區（3 公里），邊欣賞風景邊進行訓練，然而經過剛才在首都的「初體驗」之後，我很乾脆（認分）的放棄了計畫。因為 Akureyri 機場與市區間並沒有巴士行駛，若不想用走的，就只能請親友接送，或是搭計程車（高度懷疑這是為了「造福」當地計程車業者），無親無故的我當然只能忍痛選擇花錢消災。

　　走出機場就看到候車區，一位乘客正要步上計程車，我上前詢問能否共乘，得

到的答案是必須叫車。到哪兒叫？我根本不
知道電話號碼，而且機場內不但沒有旅客服
務中心，連機場人員也全部消失無蹤，想問
人也沒得問（註）！

　　走回航站內繞了一圈，這才發現牆壁上
貼著一個「TAXI」的標示牌，下方有一部
看似家用室內電話分機。話筒拿起來發現沒
有鍵盤可以撥號，不過電話就這樣直接接
通，真是太神奇了！後來才知道，在冰島
人口稀少的城鎮機場，這是很常見的叫車方式，根本是我孤陋寡聞、貽笑大方……。

　　不管怎麼說，不到 5 分鐘，在掏出兩張千元鈔以後（冰島幣 ISK 兌換新臺幣
NTD 約為 4：1，換算臺幣 500 元，沒有找錢），我就下車站在預定下榻的民宿門口了。
結果，大門是鎖上的，望向櫃檯也沒見到半個人影。按下門口的電子門鈴，以為會
有工作人員出來替我開門，誰知道答話的是 Hotel Akureyri 櫃檯人員，告訴我要先到
旅館那兒付款領鑰匙，他還好心的加了一句：「離你那兒才 200～300 公尺，走路
不用 5 分鐘就到了。」

　　是啊！如果不是身上揹著 30 公斤重的行李，以我自豪的腳程，不用 1 分鐘就到
得了！難道要我揹著再來回多走這段路？還是把兩個背包放在門口，人過去就好？
然而此刻正好是晚餐時分，來往的行人並不算少，這麼做安全嗎？或者，我應該把
貴重物品先集中在其中一個背包揹著它走，另一個放在這裡？越想越複雜，以我現
在的腦袋，根本無法解決這個簡單的問題，索性心一橫選擇「騙自己的頭腦」，相
信這兒的治安很好，是個「路不拾遺」的好地方，帥氣輕鬆的走到旅館辦理 check in
（旅館與民宿是連鎖企業，傍晚過後民宿工作人員就下班了）。

　　附設衛浴的單人房，有共用的廚房可以烹調，又位於市中心，兩晚才
21,400ISK，在冰島算是物超所值的價格。因為幾家超市都已經關門了，只好到附近
的速食店買炸雞餐回房吃，正式結束這段漫長的旅程。只不過，冰島大冒險連序幕
都還沒掀開呢！

註：雖然全冰島共有 25 個機場，但是除了 Keflavik 國際機場、以及雷克雅維克市區的國內線機場，
　　其餘機場航班都極為有限，少則一天一兩班，最多的 Akureyri 一天也不過六班（冬季更少）。
　　也因此，除了飛機剛降落與即將起飛的半個多小時內，其餘時間機場內基本上連工作人員都見
　　不到。我甚至曾經懷疑，他們會不會只是由當地居民 part time 打工來充數？

全新的開始——開業

　　當我選擇自行開業，人生中新的一幕就此揭開。而離開醫院這棵「大樹」的庇蔭，就意味著我只能靠自己了。其實離開的理由很簡單：我受不了「值班」與「看診」這兩件事。前者很容易理解，因為充滿了「不確定性」，後者比較複雜，暫且擱下不談。

　　由於我只是個初出茅廬的主治醫師，根本沒有幾位死忠的「老顧客」（有名氣的醫師離開醫院自行開業時，往往都會有為數可觀的老病患跟著到診所就診，因此至少可以維持一定的門診量及收入），加上診所座落於小巷中，平日行經的路人寥寥可數，所以剛開幕之初，根本連「門可羅雀」這個詞都沒資格用，「空無一人」還比較接近。而當時臺北市的精神科診所數目屈指可數，僅有的幾家看診性質又大不相同，連想要向前輩請教、求救都很困難。

　　本來理所當然的以為，只要招牌掛上去、醫師坐進去，自然就會有病患上門。結果卻是每天開門枯坐，有時等了一天完全沒人進門，但是房租、水電費、人事及行政成本還是得固定支出，還沒算上已經付出的大筆裝潢費用。

　　我曾經花錢在診所周邊社區，發了幾萬包面紙宣傳，成果是「2」，只有兩位個案看到以後前來就診。我也曾經花錢在網路上打廣告，結果依然毫無成效。眼看著各種嘗試都以失敗告終，心中的焦急感可想而知。然而，這終究是我自己的抉擇，總不能再一次

夾著尾巴逃回醫院吧？

　　還記得我從小到大的特質與個性嗎？或許你已經忘了，讓我為大家整理出來：「壓抑、怕鬼、怯懦、乖寶寶；負面、悲觀、內向、社交畏懼、書呆子；孤僻、龜毛、宅、多愁善感、自虐；害怕不確定、不想活、憤世嫉俗；哀慟、怕死、焦慮、自責、叛逆；憂鬱、忙盲茫。」

　　這樣的我，究竟能在這樣的日子裡「撐」多久？我又怎麼有辦法活下去，直到蛻變成今日的我？答案是，我展開了漫長的「心靈整形 DIY」歲月。

第二章

開闊的視野
化妝、雷射

心靈整形第一步驟──開闊你的「視野」

　　正如身體整形可依照「動」（牽涉）到的部位深淺，粗略加以分為三大類，心靈整形也是如此。越表層的整形，影響的層面越小，因此可能造成的副作用、後遺症較小，但是效果當然也就比較不顯著、不持久。最大的差異則在於，心靈整形不像身體整形可以「跳著做」，而是必須循序漸進、由淺入深的進行。因為，每個步驟都有它的意義與效果，絕非「淺」就等於「不重要」。

　　心靈整形的第一步驟，是最表淺的「行動」改變，對應了身體整形中的「雷射美容」，也包含「化妝」──雷射是為了「去除」表面的不完美，化妝則是為了「遮掩」表面的不完美。「行動」的改變，同樣也是為了消除或掩飾一個人表面上、可觀察到的「行為」缺陷。只不過，所謂的缺陷並非一定是錯誤、不對的行為，就如同：有人覺得雀斑很可愛（閱讀國外文學名著常能見到這樣的描述），有人卻欲除之而後快；有人覺得老人斑是智慧的象徵，有人卻將之視為衰老凋零的同義詞。

　　我所謂的行為缺陷，指的是「讓自己過得不好」，或者「讓自己無法變得更好」。

　　·**「讓自己過得不好」**：明知借酒澆愁愁更愁，還可能造成酒後失態、隔天宿醉不適影響工作；明知大吃大喝只能得到短暫的滿足，沒多久就會為了體重增加而更為鬱悶；明知大吵大鬧只能達到暫時的情緒發洩，經過一段時間就會引發對方的不滿、反彈。然

而，卻還是照喝、照吃、照發飆，這當然屬於行為缺陷。

　　·**「讓自己無法變得更好」**：不管出發點是為了自己（更放鬆、更幸福、更充實），或者為了他人（更有氣質、更受歡迎、更被肯定），都能藉由行動的改變來做到，也「只能」透過行動的改變來達成。因為，如果我們持續慣有的生活習慣、行動模式，而沒有做出任何調整、改變，當然不可能莫名其妙就變得更好，因此這也是行為缺陷的一種。

　　此步驟的關鍵詞是打破「可是」的心態，執行重點則在於「開闊自己的視野」。唯有先看到、知道不一樣的可能性，才有可能進一步挑戰自己固有的僵化信念，進而帶來行動的改變。以下會從開闊視野的「管道」及「行動準則」兩方面討論。

Akureyri 雖然號稱「北方的首都」（the Capital of the North），自詡（或是自嘲？）是「擁有大城市氛圍的小城鎮」（a small town with a big city atmosphere），不過從 1786 年第一批住民抵達此地，至今居民也才 18,000 人上下。但因為全國 32 萬人口中，有高達 60％都住在首都周邊的大雷克雅維克地區（Greater Reykjavík），使它名正言順成為全國第二大城！想想臺灣隨便一個小鄉鎮就不止這個人口數，感受還真是複雜。

有道是「人多好辦事」，Akureyri 自古至今都是北冰島的商業、貿易、農業、漁業、交通、娛樂中心，博物館、美術館、藝廊、音樂廳、劇場、國際級展覽廳也一應俱全。此外，它想當然耳也是北冰島的教育中心：有一所大學、兩所高等學校（higher secondary school）、音樂學校及藝術學校各一所。周圍地區的青年學子，如果不想離鄉背井到首都讀大學，就非得到此求學不可。附帶一提冰島的教育體系：國小（elementary school）從 6 歲讀到 16 歲（長達 10 年！），接下來是四年的高等學校（higher secondary school），和臺灣一樣分為普通及職業學校，20 歲才終於可以讀大學。

由於位居交通樞紐，使 Akureyri 成為北冰島的旅遊「基地」，遊客們多以此為根據地，再安排前往其他景點進行短天數行程。我也不例外，因為想要到 Highland 健行，非得「借道」此地，先搭一班巴士到米湖，再轉搭特殊巴士前往（理由容後再述）。可偏偏特殊巴士每天只有早上那一班，即使搭最早的巴士到米湖也趕不上，所以非得在 Akureyri 及米湖各停留一天。

雖然行前也曾計畫過，昨天傍晚抵達 Akureyri 之後，睡一晚就搭今早的巴士到米湖，節省下一天的行程，但是一方面為了補齊健行用品，另一方面也不想在舟車勞頓的情況下匆促展開冒險，所以還是決定在此停留兩晚，如此一來將會有一個整天的悠閒時間。畢竟這雖然已經是我第四次到冰島，卻是第一次到北方，當然值得花些時間一窺其貌。

由於時差的影響，依舊在凌晨 2:00 多就醒來。不過經驗老到的我早已駕輕就熟，起來研究市區地圖、計畫本日行程以後，又從 4:00 一路睡到 8:00。

起床後稍微感受了身體的狀況——腳有些酸，但是肩膀、背部、腰部都沒什麼異狀，真是個大好消息。因為昨天的負重行走雖然距離很短，卻是很重要的「試金石」，要是連這點距離都會造成身體的強烈反應，後天正式上場時恐怕無法樂觀，甚至可能連計畫都得加以修改。

到廚房拿熱水時，正好見到幾位住客在吃早餐，要價 1,500ISK，比 Vik 青年旅館還貴，buffet 內容卻比較差。想到這次因行程安排關係，沒辦法到 Vik 探望幾位老朋友，心中不免有些悵然。簡單的麥片牛奶加上兩塊麻花捲，就把早餐給打發了——在冰島自助旅行，「吃」永遠是最不重要的一件事。

用餐期間百般無聊的打開電視，正好看到 BBC 報導一則國際大新聞——西班牙火車出軌，造成 79 死的慘劇。其實冰島的電視臺不但數目少，甚至還有「停播」時間，小時候印象深刻的三臺夜間停播畫面，來到這兒每天都能「重溫舊夢」（註）。只有較具規模的民宿，或者真正的「Hotel」，才會有較多外語頻道可以收看。

不過這對我而言完全不是問題，因為家裡連電視也沒有，所以來到冰島一點也不會覺得難以適應。帶著書或雜誌，在旅行的空檔中好好細讀、思考，是我向來的習慣。若非這次得揹上所有裝備健行，基於重量考量必須忍痛割愛，此刻的我應該是邊吃早餐、邊悠閒的閱讀，而不是傻呼呼的盯著電視。

附帶提醒：有許多人把「看電視」當作休閒娛樂，但其實已經有不少研究證實，比起運動、外出、社交等活動，看電視並無法帶來有效的放鬆與愉悅，甚至有研究發現「看電視」與「不快樂」之間的惡性循環：「不快樂的人越常看電視，快樂的人越少看電視。」（Unhappy people did it more, and happy people did it less.）

註：冰島人除了愛好大自然之外，對閱讀的熱愛也是眾所皆知，出版業蓬勃發展的程度，與僅有的 32 萬人口遠遠不成比例。也難怪首都雷克雅維克會被聯合國教科文組織（UNESCO）選為全世界僅有的七個「文學之都」（Cities of literature）之一（截至 2013 年為止）。

開闊視野的管道──閱讀

　　「讀萬卷書，行萬里路」雖然是一句大家再熟悉不過的老話，但能夠歷久彌新、亙古不衰，顯見它必然有難以取代的地位。我所熱愛的「閱讀」，正是開闊視野的第一個重要管道。此處所說的閱讀，主要指的是讀「書」，而「報章雜誌」勉強也能算數。至於該讀哪一類書籍？我認為，書的「內容」並沒有那麼重要，關鍵其實是在「詮釋」與「吸收」讀到的內容，是否符合自己所希望達到的「目的」！就以我多年來大量閱讀的書籍與雜誌為例（平均每年六十本左右）：

　　·推理：從高中開始就是我的最愛，占了一半以上的閱讀量。對我而言，除了最重要的「娛樂」效果之外，對於工作上也有不小的助益。曾有前輩這麼說過：身為精神科醫師，你不可能期待每一位個案都老老實實、一五一十的說清楚自己的病史，有意（因為有難言之隱或顧慮面子）、無意（受到疾病、症狀影響）的隱瞞是很常見的。因此，必須像「偵探」一樣善於誘導（套話）、邏輯清楚、抽絲剝繭，才能做出正確的診斷，進而幫助個案。

　　·科普：和教科書相比，我更偏好閱讀科普書籍，不論是醫學本行，或者是生物、數學、理化、地理、宇宙等領域，都能滿足我不喜與人交際，卻又「過度」的好奇心，可說是完全切合我的需求。

．**運動**：主要以棒球、籃球為主，只不過我並非某個球隊或球員的粉絲，而是對比賽中的「數字」特別感興趣。雖然常購買運動雜誌來看，真正感興趣的卻是球員及球隊的各項統計數字，所以數據詳盡的英文版雜誌最投我所好。也因此，當《魔球》一書出版時，我簡直如獲至寶，甚至買了一本厚厚的 MLB 數據分析原文書來研究。

．**國際、財經、政治**：對國際新聞感興趣，尤其是自己所去過國家的新聞，應該不難理解。至於財經、政治兩方面，雖說對它們並非真有多大興趣，但我還是會刻意接觸，理由後續會再詳述。

．**身心靈**：離開醫院自行開業以後，已經 34 歲的我才開始接觸這方面書籍，比起大部分「同道中人」可說是啟蒙甚晚。不過，它卻也是影響我最大、改變我最多的一類書籍，不論是在看診過程，或者私人生活領域中，都扮演了極為重要的角色。

其中，推理、運動書籍的效果主要是「休閒娛樂」，科普、身心靈書籍扮演的是「加強本職學能」的角色，國際、財經、政治書籍則同時能帶來以上兩方面效果。而不管是哪一類的書籍，當然都能「開闊視野」。

或許有讀者會問：是否非得閱讀這些看來「正經八百」的書籍，才能帶來開闊視野的效果，其他比較不那麼嚴肅的書籍，難道就不行嗎？當然不是！我一樣也看漫畫、寫真集、八卦娛樂雜誌，也還真能吸收到一些截然不同的資訊，對於在門診中與個案互動有不小的助益。但是不可諱言的，在相同「單位時間」內，這類書籍所能帶來的收穫，確實是遠遠不及那些相對嚴肅的書籍。因此我才會特別強調：閱讀哪一類書籍都無妨，重要的是必須清楚自己閱讀它們的「目的」何在？這樣的閱讀究竟又「值不值得」？

或許還有讀者會問：閱讀「網路」上的文章或資訊，難道不也有開闊視野的功能嗎？這與讀「書」有什麼差別嗎？這部分後續會再探討，在此僅先提出一個關鍵性差異：「完整性」。一篇文章與一本書籍，就算討論的是同一個主題，就算前者簡潔許多，讀起來也輕鬆省時，但完整性絕對比不上後者。前者直接告訴你「答案」，後者則能提供你得到這個答案的「過程」。

就以我常舉的「投資類」書籍為例，明明只是幾個簡單的概念，甚至只有一個操作原則，為什麼還要花一整本書的篇幅來說明？倒過來看就很清楚了：難道每個人只要依照這些書籍中的指引，採用相同的投資策略，就能得到相同的獲利嗎？顯然不是，否則每個投資領域只要有幾本書就夠了（大家就賺翻了），也不會每年、每月、每周都有新作品出版。因為，只知道「答案」是不夠的，重要的是了解到這個答案的「過程」，再搭配自己當下的現實條件加以靈活運用。

完整性之所以重要，還有另一個關鍵是「避免偏頗」，後續也會進一步討論。

旅行筆記

早餐後揹起輕便的小背包，出門展開上半天行程。天氣很陰，霧氣很重，還好並不覺得太冷。因為離北極圈很近，Akureyri 屬於亞極地海洋性氣候（subpolar oceanic climate），四季的氣溫變化並不會太大，夏天攝氏 15 度上下，冬天則很少低於零下 5 度。不過，或許是位處峽灣中的特殊地形（註），使它向來就以「陰天」（cloudy）聞名，平均每年的日照時數（sunshine hours annually）只有 1,047 小時（臺北是 1,644 小時，高雄是 2,210 小時）。

由於峽灣兩側都是高聳的山丘，因此活動、居住只能集中在河兩岸的狹長區域，這樣的地形，也使 Akureyri 成為一個以「近」聞名的城市。此話怎講？不管是想要購物、騎馬、泛舟、賞鳥、滑雪，幾乎都在十幾分鐘車程可以抵達的距離內。因此，我打算花一天時間，從民宿所在地（城市北端港口旁）出發，往南沿著河岸走到機場前，再順時針繞著半個城市走一圈，共計 9 公里左右。揹著不到 2 公斤重的背包走這段距離，恐怕連「a piece of cake」都算不上！

　　街上幾乎見不到行人，顯得很冷清。我不由感到納悶：就算遊客還沒起床，總該有上班的人吧？雖然號稱有很多咖啡店及酒吧，但是區區不到100公尺的街道，沒幾分鐘就出了市中心區域，走上昨天搭計程車經過的公路。回頭望向港口，雖然規模看起來很陽春，但據稱每年會有高達60班郵輪停泊，此刻也正好有一艘丹麥籍豪華郵輪停靠。

　　忽見路邊有一群不到10歲的小朋友，個個身穿救生衣魚貫走向河邊。再往前一看，已經有幾位看似教練的成人抬著划槳式獨木舟，應該是暑期夏令營活動。不過這樣的天氣走在路上都嫌冷了，要是潑到水想必不好受，一不小心摔到河裡就更不得了！

　　我不禁想起之前和冰島朋友的對話：冰島的父母及老師，不但不會阻止小朋友在天冷或下雨時出門，反而有時還會鼓勵（強迫）他們出門，邊玩耍邊「淋雨」、「淋雪」。因為冰島人認為，不管是下雨、降雪、刮風，都屬於大自然常見的現象，也是一生中會頻繁遭遇的狀況，若沒有趁年幼時藉由訓練來適應，長大以後怎麼面對？相較之下，臺灣的父母往往傾向保護過度，擔心小孩吹到風、淋到雨會感冒發燒，

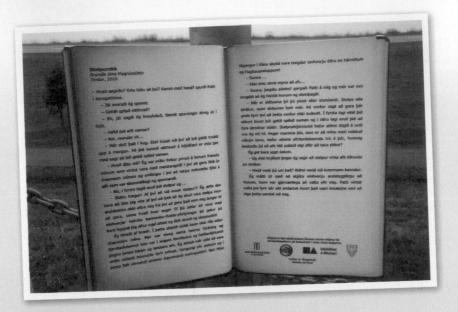

但是長大以後身體真的有比較好嗎？值得大家在心中好好琢磨。

走了一段路之後，終於見到期待已久的加油站，乖乖依照地圖上的標示出現在路邊。我將在這兒完成今天最重要的任務——買瓦斯罐，因為在荒野中健行露營，若是少了這項法寶，輕則只是吃、喝不到熱騰騰的食物，重則可能因此而造成失溫，所以我非得先買到它才安心。

店員是一位老先生，雖說冰島人的英文程度都不錯，但老人家可就不一定了。解釋了一陣他還是不太清楚我想要買什麼。別擔心，過度謹慎的我早就做好萬無一失的準備，直接拿出爐頭，老先生果然立刻露出恍然大悟的表情，帶著我找到990ISK 的大罐瓦斯。

結帳時，我問他是不是常有人像我一樣，健行前先到這兒買瓦斯（因為這是旅遊網站的建議）？結果他並沒有點頭。不過在我準備離開前，一位看似與他熟識的老顧客上門，老先生似乎向他提起我即將獨自前往 Askja Trail。緊接著兩人同時望向我，臉上都露出高深莫測、不知是讚許或質疑的神祕笑容，讓我有些在意，更有些擔心。

管他的，至少任務順利完成，可以輕鬆的逛逛 Akureyri 了。

註：Akureyri 所在的 Eyjafjörður，是冰島最長的峽灣（60 公里），周邊的山谷名稱也是 Eyjafjörður，是冰島最大的農耕區之一。

開闊視野的管道──旅行

很多人在遊歷世界各國以後，無奈而困擾的告訴我：「我已經走遍各大洲，出國旅遊變得很無聊。」其實，只要深入了解「旅行」所扮演的三個重要角色，自然就能解決這個問題。

印證

之所以會有人說「讀萬卷書不如行萬里路」，就是因為透過「閱讀」獲得資訊固然迅速省時，但不見得能夠真正加以吸收，而旅行所扮演的「印證」角色，則能透過兩個方式提供協助：

一、加深印象：每次在旅行的前置作業過程中，我對於「地圖」總是異常的執著，非得先把自己打算造訪的景點，一一仔細研究並標示清楚。但是不管地圖看了再多遍，腦中的方位卻依舊一團混亂，也因此雖然我自詡為「地圖達人」，並不表示我很會認路，反而是因為東南西北搞不清楚，只好隨時拿著地圖對照找路。然而，只要抵達以後腳踏實地的走上半天，這個問題就迎刃而解了！

二、相互對照：投入「情緒」所獲得的資訊，比較容易吸收並記住──死背物理、化

學反應，絕對比不上實驗所帶來的深刻印象；死背單字、文法，遠遠比不上用英文實際交談後所記得的；要教導學生道德感、同情心，與其用文字、語言灌輸，還不如帶他們做義工、行善，直接體會當下的感受。而要產生深刻的情緒，除了少數想像力豐富者之外，絕大多數人都必須透過實際「互動」才能達到。

補充

在本章開頭我就說過，心靈整形第一步驟的關鍵詞是打破「可是」的心態，旅行所扮演的「補充」角色就是最好的策略之一。雖然看似與「印證」正好相反，但同樣是透過產生情緒所帶來的效果。

不管版本再怎麼更新，實際到當地的所見所聞，一定會與收集到的資訊有差異，問題只在於「差了多少」。原因很簡單：只要是你「閱讀」到的資料，就必定是被「記錄」下來的，也就表示它必定是「過去式」。另一個重要原因則是，只要是透過人為記錄，就一定會受到記錄者的好惡、感受影響，因而產生（有意或無意的）增減而造成失真。

此外，不管你讀過再多異國民情風俗的資料，除非是透過親身互動所帶來的體驗，否則往往只會覺得「原來還真有這麼一回事」，而無法進一步為自己帶來足夠力道的「情緒衝擊」——這正是挑戰自己固有「可是」心態的關鍵第一步！

媒介

除了以上兩個「直接」扮演的角色之外，旅行還能扮演「間接」的「媒介」角色。

諸如登山健行、潛水釣魚、閱讀沉思、放鬆休養、社交互動等，都能透過旅行這個媒介來進行。

　　或許你會問：好不容易出國旅行了，為什麼還要做這些在國內、甚至在家裡就能做的事？看看以下這幾個例子應該就能明白：想像自己在上下班趕時間途中，與人錯身而過擦撞，以及身在風景區裡與人擦撞，你的感覺有何不同？同樣是做運動，在健身房慢跑、在河濱公園慢跑、在夏威夷的海灘上慢跑，感受難道不會有差別？

　　因為，能夠做到「大隱隱於市」的人畢竟是少數，處在千篇一律的生活環境中，想要迅速轉換心情、「享受」不一樣的活動，其實並不容易。我們這些修為還不夠的平凡人，並不需要以這樣的高標準要求自己，適時離開熟悉的環境，就算從事的是平常就能進行的活動，其「品質」與「效果」絕對不同！我的切身經驗是：離得越遠效果越好。或許這也是我會那麼喜愛冰島的原因吧（離臺灣 10,000 公里）！

　　話說回來，很多人讀了我的自助旅行經歷以後，會用羨慕的口吻對我說：「真好，你有錢有閒可以每年出國兩次，還能得到這麼多體驗。」他們忽略了重要的一點：把以上旅遊所扮演的三個角色套用到「國內旅行」，其實也同樣適用！因為無論行程再怎麼充實、收穫再怎麼豐富，只將期待放在每年短短幾周、一兩次的國外旅行中，顯然是不太實際的心態。這也正是為什麼，我每個月總會安排一至兩天國內短期旅行的原因。只要將以上三個旅行所扮演的重要角色記在心上，即使只是短天數的國內旅遊，一樣能帶來不少收穫！

旅行筆記

買完瓦斯繼續前進，行經一個狹長的小湖，湖對岸有幾户人家，住宅後則傍著小山丘，似曾相識的景象讓我想起雷克雅維克市中心的托寧湖畔。只不過，此處除了公路上偶有車輛經過之外，不見任何行人，比起托寧湖畔的住家整天受到喧鬧的遊客干擾，顯然清靜了許多。至於居民有沒有感覺比較幸福？那可就不一定。

Akureyri Museum 就位在湖邊，離 10:00 開門還有一段時間，加上建築物規模甚至比格陵蘭小鎮 Kangerlussuaq 的博物館還要陽春，所以雖然正在展出的極光攝影展看似頗為精采，我還是決定過門不入。在這兒拍照時，終於遇到今天第一個行人，一對和我同樣是觀光客的老夫妻。如果連此時的旺季都如此冷清，可以想像其他季節的景況。也難怪，雖然博物館旁有其他幾棟歷史悠久的建築物（也是觀光景點），卻都是大門深鎖，連管理員也沒有。想要入內參觀還得事先預約時間，或者打電話請人來開門（因為好幾個景點「共用」一位管理員），才能如願以償。

走上另一條折回鎮中心的小路，從來的時候沿著河岸改為走在半山腰。如此一

來視野隨之開闊不少，可惜霧氣依然濃厚，無法遠眺兩岸的山巒。這條路並非主要幹道，所以連行經的車輛也少得可憐，只見路旁幾棟「躲」在大樹間的民宅，周遭一片靜謐。「大樹間」？如果讀者心中出現這樣的疑惑，表示你對冰島的地理環境有一定程度的了解。因為冰島的大自然中，基本上只有草和小灌木，如果見到大樹，就必定是附近有人刻意栽種的。這時我也才意識到，這兒的大樹，比起所有我曾經造訪過的冰島城鎮都還要多，整座山丘上幾乎種滿了寒帶常見的針葉樹，充滿了聖誕節的氣氛。之所以會如此不同，該不會是因為「那個」吧？我在心裡這麼想著。

　　所謂的「那個」，正是我接下來計畫前往的 Akureyri 植物園（Lystigarður，Akureyri botanic garden），它是當地居民最喜歡的戶外活動地點。果然入園後（免入場費）發現，已經有幾位民眾在裡頭接受大自然的洗禮，畢竟在冰島要享受「被大樹環抱」的感覺很難得。更了不起的是除了種滿大樹之外，園內還見得到許多五顏六色的花朵，長在不知名的植物上（或許是我孤陋寡聞吧），感覺就像身在臺灣的某個公園內。雖然對來自亞熱帶的我來說，早已對這樣的景象習以為常，但這兒畢竟離北極圈不到 100 公里，維護這些植物想必不是件容易的任務。最酷的是，草坪上有一座用大石塊堆起來的小山，走近一看才發現，小小的範圍內聚集了來自世界各大洲的高山植物（alpine plants），雖然每一種只有幾棵，卻深具教育意義。

　　因為不覺得累，所以我沒有進園中的咖啡廳，直接向另一個出口走出去。一出公園就見到對街有一家知名連鎖超市，因為預定接下來會往城鎮外圍走，所以決定先在此備妥中餐，還得趕緊買另一個剛才忘記買、卻又極為重要的小東西──打火機。目的不是為了抽菸，而是為了「點火」，因為瓦斯爐頭雖然「號稱」有點火功能，但根據使用者經驗分享，在冰島的溫度、溼度下，點不著的機會很大。萬一到時候

在荒野中點不著火，可不光是「增加無謂重量」這個問題，所以寧可備著體積、重量、價格都很「親民」的小小打火機。

　　超市旁正好就是 Akureyri 的露營場地，我賊頭賊腦的張大眼睛觀察，想要先體會在冰島露營的感覺，為接下來幾天預做準備。話說裡頭停的露營車也未免太多了吧？看起來彷彿所有鎮上的遊客都集中在此處。其實過去幾次在冰島「微服出巡」後，我早已發現這裡的露營車數量可不是普通的多。雖不到家家戶戶都有的程度，但是前庭後院中常可見到它們的蹤影，而所有的租車公司除了一般的轎車、休旅車、吉普車之外，也都會提供露營車出租。原因不難理解：冰島的住宿實在太貴了，所以不管是再小的小鎮，也至少會有一個露營區（比方人口不足 300 的 Vik 小鎮，露營場地面積就大得驚人）（註）。

註：其實根據冰島法規，只要不超過三頂帳棚，而且不是正種植著作物的農地，「任何」一塊土地都可以免費露營一晚。少數例外則包括自然生態保護區、立有告示牌明令禁止處。

開闊視野的管道——大自然

在《Happy Money: The Science of Smarter Spending》（Simon & Schuster, 2013）一書中，作者 Elizabeth Dunn 教授透過大量心理學臨床研究的結果，告訴我們如何「用錢買快樂」。在此我先提出其中一點：「Make it a Treat.」關鍵在「Treat」這個單字，因為很難直接翻譯成中文，必須藉助最權威的牛津大辭典來解釋：「an event or item that is out of the ordinary and gives great pleasure.」一件事情或物品，具有以下兩個特徵：可以帶來很大的愉悅感受，但是並非尋常而唾手可得的。

請看以下實例：不管再怎麼喜歡吃雷神巧克力，如果天天吃、餐餐吃，用不著多久就會失去原本的滿足感。再怎麼愛聽某一首臺風、韓風、日風流行金曲，如果每天從早到晚聽，帶來愉快的「保鮮期」同樣也不可能太長。研究發現，要改善這樣的現象，讓錢花得比較值得，最好的做法，就是把這些能帶來快樂的事物變成自己的「Treat」——不要太常擁有，避免讓自己「習以為常」，「適度」控制獲得的數目，才能避免它們失去原有的效果。

這個概念和本段主題「大自然」有什麼關聯？不少人得知我已經到過冰島三次，還要去第四次時，會露出狐疑的表情問我：「有那麼多地方可以旅遊，為什麼你老是去同一個國家？」確實，太常旅行，或者太常到某個地方旅行，的確有可能因疲乏而減少樂趣，

因此同樣有必要從「Treat」的角度來思考。然而，「大自然」卻因為性質完全不同，所以不會有類似的問題。

　　主要的差異有二。首先，接近大自然本來就是人類的「天性」，幾百萬年來人都是生活在大自然中，即使近代生活型態劇烈改變，身處大自然所得到的放鬆、愉悅感，卻始終不變。其次，大自然變化多端、充滿驚喜，想要「厭倦」也著實不容易。況且透過接觸大自然，還能獲得許多其他管道無法提供的知識與體悟。

　　冰島對我的意義，並非只是一個旅行的「地點」與「國家」，而是充滿多樣性地形地貌的「大自然」，當然不會受到「Treat」的概念所侷限，也才能夠「一路走來始終如一」。不過，讀得夠仔細的讀者應該會產生一個疑問：我明明說過，自己從大學開始就成為一個標準的大宅男，怎麼現在會對戶外活動與大自然充滿興趣？

　　在此我還要追加一段自白：以前的我不但討厭「髒」（所以很受不了野外的塵土），還怕所有會飛的「昆蟲」（或許蝴蝶勉強例外）。偏偏大自然中最不缺的就是蚊蠅、蜜蜂、瓢蟲、金龜、蜻蜓這些有翅膀的昆蟲，只要它們一靠近、發出嗡嗡的聲響，我下意識的第一個動作就是躲開、逃開、跑開，有時還會外加大叫。

　　關於我的蛻變，以及如何從大自然中學習開闊自己的視野，等會兒很快就會談到。

在超市買了所需的食物，依舊是我在冰島的標準午餐內容——三明治、果汁、水果，繼續展開環鎮之旅。接下來會沿著主要幹道走到城鎮西邊的郊外，繞一圈再折回民宿。

剛走到鎮郊，迎面而來一個電子廣告螢幕，瞥見上頭顯示的溫度立刻讓我大吃一驚：12℃！真的有這麼低嗎？怎麼不覺得有多冷？回想 2009 年前第一次到冰島時，15℃ 就已經把我徹底擊垮，穿再多還是覺得很冷，沒想到這幾年下來，我對「冷」的承受力提高這麼多。此時，一群清一色由老人組成的「單車遊客團」從我身邊魚貫騎過，身上穿的都是比我還薄的外套，其中幾位還回頭向我微笑打招呼。如此看來，我似乎還有很大的進步空間呢！

沿著公路走了一會兒，見到馬路邊有一條岔路彎進樹林，雖然地圖上沒有標示，但是與前進方向一致，又是沒有車輛的行人專用小徑，所以我便走了進去。幾位年輕女孩正在掃落葉，其中一位一邊認真工作，一邊和善的向我打招呼，另一位戴著耳機、心不在焉的隨便揮揮，第三位則是滿臉不耐煩的用力揮舞著掃把。本想問問第一位她們的「來歷」，但是見到另外兩位的表情，最終還是怕惹麻煩而打消念頭。因為雖然 Akureyri 大學離這兒不遠，表示她們有可能是從事公共服務的大學生，但也說不定是犯了小過錯的當地青年，被警察單位處以勞動處罰（所以才會一臉心不甘情不願）。

走到小山丘上的大學，在校門口大鐘旁坐下休息。雖然才剛過 11:00，但因為此地居高臨下可以一覽鎮景，所以我便拿出午餐享用。從這個角度觀察，才發現 Akureyri 鎮上的樹還真是不少，看起來一片綠意盎然，和我心目中的冰島印象中有很大差距。

回到民宿，泡了剛買的進口泰國泡麵驅寒，雖然一如預期的難吃，但是身體暖呼呼的從 12:30 一覺睡到 15:30 鬧鐘響。其實還很想睡，但心知如果屈服的話晚上鐵定睡不著，時差也會更難調整，所以只好出門逛逛。

民宿斜對面就是冰島最大的連鎖書店，也是我每次必定造訪的地點，因為使用英文在冰島實在太普遍了，所以能買到很多英文雜誌。況且這次沒帶書，如果能在這兒買一本雜誌，不但能滿足我的「閱讀癖」，也不至於增加太多重量。《Scientific American: Mind》是我最常讀的心理學科普雜誌，更是我獲得許多新觀念、新資訊的來源，一看到當然不會錯過。

結帳前繞到冰島旅遊專櫃，看看有沒有我需要的健行資料（雖然出發前就已經

透過網路，買了好幾個版本的專業地圖及相關書籍）。旁邊有一對中年夫妻，正在詢問店員有關 Highland 的地圖，我一聽耳朵就豎起來了，等他們問完就迫不及待走過去，展開這次冰島行的第一次搭訕。原來他們租重機由南到北騎過整個 Highland，沿途就在路邊搭帳棚過夜，昨天剛抵達這裡。至於目前的氣候狀況，雖然都有陽光，所以不至於太冷，但是夜間風力很強（因為地表的冷卻效應），有一晚差點連帳棚都被吹翻了。聽到這兒，不禁令我有點擔心。

　　雖然只是一段簡短的交談，仍舊可以算是一種「人際互動」，也是開闊視野的另一個重要管道。

開闊視野的管道──人際互動

「人際互動」有助於開闊視野，應該是個不言自明的概念，因此就不再贅述。我會將討論重點擺在「旅行過程中的人際互動，與日常生活中的人際互動，兩者究竟有什麼差別？」

首先

最大的差別是「地點」不同。這不是一句廢話嗎？當然不是。因為地點不同，會接觸到與平日不同的人，即使套用到國內旅行依然適用，除非你要硬拗「到我家巷口的公園旅行」，那我就真的只能認輸了。國外旅行就更不用說了，而且還能細分為「當地人」與「遊客」兩個族群來討論。

‧「**當地人**」：憑直覺就能想到，不同的風土民情、生活習慣，必然會對我們習以為常的觀念帶來衝擊。光是洗澡時段、用餐時段、對時間的概念這類生活中的小事，就足夠讓人看得興味盎然了。

‧「**遊客**」：站在同樣的出發點（外來者），同時到一個地方旅行，所抱持的心態與行動模式卻截然不同。就以旅行中最常做的「拍照」這件事為例，為何有人拚命按快門、

拚命比「Yeh！」的手勢自拍互拍，有人卻只愛對著風景拍照，更有人甚至連相機都不帶？建議大家有機會好好了解一番，保證收穫匪淺！

其次

因為「生活型態」不同，所以造成互動時的「情緒狀態基準線」不同。平日過著千篇一律的生活，每天為了工作、柴米油鹽醬醋茶等瑣事心煩，互動時的情緒狀態，與旅行時的輕鬆愉快相比，當然會對互動造成強烈影響。在上班等車時排隊，和在迪士尼樂園等遊樂設施時排隊，情緒會有多大差異應該很容易理解。何者互動起來的「品質」會比較好，比較有機會達到開闊視野的效果，應該也不難猜測。

最後

因為互動的「目的」不同，也會帶來許多有趣的影響。這樣的現象不只出現在自助旅行時，就算是跟團旅行也同樣能發現。我常說，旅行有「哈哈鏡」與「照妖鏡」的功能。本來就神經質的人，旅行中充滿許多不確定，會讓他變得更加緊張兮兮；本來就白目的人，生活在與平日完全不同的周遭環境中，更容易表現出誇張作為；本來就機車、愛挑剔的人，在「老子出錢就是老大」的心態下，旅行中當然更容易吹毛求疵、斤斤計較。簡而言之，平時礙於環境、面子而壓抑的本性，在旅行中往往能得到「解放」，當然比起平日互動更能讓人大開眼界、開闊視野。

雖說藉由人際互動能夠開闊視野，進而促使人努力做到「見賢思齊」，但是大部分人往往只做到這前半段話，卻忽略了後半段「見不賢而內自省」。這部分稍後會深入討論，在此先提出我的想法：見賢思齊固然重要，但是重要性卻遠遠不及見不賢而內自省。

附帶一提，可別誤以為只有「深入而有意義」的人際互動，對我們才有幫助！根據研究顯示，就算只是與陌生人進行「表淺」（superficial）的接觸與對話（比如付帳時和店員的簡短對談、詢問公車司機站名），不但有益健康，對中老年人而言更有「延年益壽」的效果！原因則是「社交孤立」（social isolation）會對身心健康帶來負面影響，進而造成壽命縮短。所以即使只是表淺的互動，也能藉由「聯結」（connectedness）的效果而打破孤立狀態。

走出書店，驚喜地被耀眼的陽光刺到眼睛，籠罩一整天的霧散去了，接近北極圈的天空果然還是比較藍，比起格陵蘭一點也不遜色！我興奮的往地勢較高處走（由於是峽灣地形，河兩岸地勢最低，逐漸往內陸高起），找了個好角度眺望對岸，不但看得到山腳下的民宅，連山頂終年不融的白雪也探出頭來。

忽聞「嗚──嗚──嗚──」的聲響傳來，低頭一看，原來是港邊停的那艘豪華郵輪準備出航，不知它將前往何處？想想我多年的旅遊經歷，卻連一次郵輪也沒搭過，或許下次換個口味，試試改搭船到冰島吧（註）！

在 Akureyri 的最後一件任務，雖然已經是可有可無，不過因為離晚餐時間還很久，我便決定依計畫將它完成──購買「Freeze-Dried Food」（以下簡稱「冷凍乾燥食品」），其中緣由得從幾個月前談起。

何謂冷凍乾燥食品？簡單的說，就是採用高科技「真空冷凍乾燥技術」處理食物（因此不需添加防腐劑），達到延長保存期限、便於攜帶的目的。之所以會發展出這種技術，最早是因應軍隊需求。在無法餐餐「現煮」的戰爭過程中，如果士兵們每餐都只能吃餅乾、麵包等乾糧，不但缺乏營養，也會影響心情──畢竟「吃」不但是民生大事，對作戰中的戰士來說，恐怕也是少數能產生「愉快」心情的一件事（當過兵的讀者，只要回想一下當時吃過的「野戰口糧」，應該就能了解）。藉由這種技術，可以將幾乎任何食物處理過、放進真空包裝隨身攜帶，用餐時只要加入熱水泡幾分鐘，食物就會「還原」成很接近原本的味道。後來這個技術被運用到「和平用途」，成為多日（multi-day）登山、健行，需要在野外用餐時的標準食糧。

「任何」食物？會不會太誇張？告訴大家，這並不是「誇飾法」，而是一件事實。請看我這次準備的冷凍乾燥食品清單：三種水果口味的鮮奶燕麥片、培根炒蛋、火腿炒蛋（以上是早餐）、糖醋豬肉飯、炭烤雞胸馬鈴薯、辣雞肉炒白扁豆、紐奧良海鮮飯、鐵板雞肉飯、煙燻馬鈴薯燉牛肉、野

生鮭魚、玉米粒（以上是午晚餐）、藍莓派、鬆餅、抹茶慕斯派、三種口味冰淇淋（以上是甜點）。這還是我刻意只挑符合自己口味的產品，完全沒有準備沙拉、義大利麵、通心粉、墨西哥捲、餃子、香腸、咖哩肉等其他料理！

　　親友們對這份清單最好奇的是「甜點」，尤其是冰淇淋。經驗分享：甜點製作麻煩（有的需要使用平底鍋），而且味道不甚可口。冰淇淋只要含在嘴裡等幾秒鐘，融化以後味道還真是不錯！唯一的差別是「不夠冰」，不過在冰島野外的低溫下，只要張嘴吸進冷空氣，這個缺點很容易就克服了。

　　早在一年前規劃這次大冒險時，我就為了總計十天的三餐感到頭痛（前六天只要餵飽自己，後四天還得加上老婆），因為沿途完全沒辦法補充糧食，所有食物都得事先買好揹在身上。雖然有外國健行客全程以麵包、麥片、巧克力、洋芋片果腹（既方便又節省重量），但我可不打算這麼虐待自己，也才會找上口味多樣、調理方便、重量可接受的冷凍乾燥食品。

　　緊接而來的問題是：要到哪兒買呢？試吃過國內僅有的幾種產品後，發現味道實在有些抱歉，只好上網尋找國外產品。輾轉透過冰島的旅遊協會協助，聯絡上

Akureyri 一家有販售此類產品的店家。雖然後來從美國的某個購物網先買了一部分，也準備了泡麵、豆乾、綜合堅果等食品作為預備糧食，但還是需要再做些補充比較安心。

　　依照當初問到的資訊，商店應該就位在民宿旁的主要街道上，但是我來回走了好幾次，卻怎麼也找不到它。偏偏當初信心滿滿只抄了店名，連地址也懶得寫，加上為了節省重量沒帶筆電，想查也沒辦法查。幸好靈光一閃，想起鎮上的圖書館有提供上網服務，便匆匆前往。還沒進門，我就對「休館時間」的安排感到不解：旅遊旺季（5～9 月）周休二日，其他月份反而只休星期日。或許是因為夏季可以外出活動，其他時間氣候欠佳，冰島人喜歡留在室內閱讀，這樣的安排方便他們借書吧！

　　在櫃檯付了 500ISK，可以使用 1 小時網路。雖然找到商店的確切位置，但圖書館內溫度與氣氛都很溫暖，坐著坐著也懶得再走回去了，不足的食物就以吐司代替吧！1 小時的使用時間轉眼就過去，明明沒做什麼事，而現在回想起來，更是完全不記得當時上過哪些網站了。這就是網路的魅力與威力，也是它的可怕之處！

───────────────────────────────

註：丹麥、德國都有固定船班往返冰島，許多來自歐陸的遊客會選擇搭船而非搭機，除了價格便宜許多之外，還能隨船托運自己的車輛，省下在冰島當地的租車費用。

開闊視野的管道——網路

　　網路有助於開闊視野是無庸置疑的，它甚至被賦予了拉近區域、國家、城鄉、階級差距的重要任務。話雖如此，在肯定它的益處之餘，還是有幾個提醒必須提出。

「綁架」使用者，反而「侷限」了視野！

　　已有網路學者注意到，隨著網站的「個人化」功能持續加強，使用者雖感到益發便利，卻也常不自覺的陷入一個困境。就以搜尋引擎龍頭 Google 為例，早已不諱言其「最終目標」：在使用者還未輸入「任何一個字」之前，就已經先跳出搜尋結果了！看似不可思議，背後的概念其實簡單明瞭：藉由完整記錄你過去的搜尋歷史，搭配其他相關條件，早一步「預測」你此時此刻最可能會搜尋的關鍵字。以實例來說明會比較清楚：如果你每周五傍晚下班前，總是習慣搜尋餐廳資訊，作為周末用餐的參考，而且你喜歡嘗鮮，當你一打開 Google 還沒開始搜尋，它就會先跳出過去幾個星期你「沒吃過的」種類的美食資訊。如果你習慣在讀到新發售的手機新聞後，緊接著就搜尋該產品的使用者經驗分享，它也能聰明的直接提供這些連結，省卻你輸入的功夫。

　　這麼方便有什麼不好？讓我們再看看社交網站龍頭 Facebook 的「體貼」功能，就

會更清楚了：當你與某位朋友的互動越多（較常閱讀他的動態更新、較常按他讚、傳私密訊息給他），每當你連上Facebook 的網頁，他的資訊就會被排在越前頭、越醒目的地方，互動越少則相反。其目的同樣也是為了方便使用者，特別是朋友數目太多時，這樣的體貼設計有助於節省時間，讓使用者得以先與較親近的朋友互動。

　　這些所謂「量身訂做」的個人化功能，固然很方便，卻也剝奪了（至少是「影響」了）使用者的自主權——接觸到的總是你熟悉的資訊，讓你傾向維持過去慣有的選擇（小至生活中吃的食物、用的產品、去的地方，大至價值觀、人生觀、政治傾向等重要議題）。如此一來，反而「侷限」了使用者，進而喪失原本網路最重要的「開闊視野」功能！如果你還是無法想像其影響力有多大，不妨做個小實驗：找個家人或朋友，在你們慣用的電腦（或手機）上開啟 Google 搜尋網站，分別同時輸入同一個關鍵字，看看顯示出來的搜尋結果（排列順序）差異有多大吧！

在討論區「取暖」

　　如果說個人化服務是外界「強加」於使用者身上，那麼使用討論區所造成的常見問題，就是使用者「自找」的。固然網路提供了一個不受時空限制的溝通、互動平臺，但只要有討論區，不論主題是無傷大雅的影藝消息、運動賽事，或是嚴肅正經的國際要聞、政經國事，幾乎都會出現「取暖」這個大問題，它的形成原因可分為兩階段：

　　首先是「各說各話」。在講求快速、效率的網路世界中，溝通（尤其是討論區內）無可避免會流於簡短，因此往往很難做出完整的陳述，造成他人的斷章取義也就一點也不意外了。花些時間稍微瀏覽討論區內的脣槍舌戰，往往會發現雖然看似言之成理，但根本是牛頭不對馬嘴——B 批評 A 的內容根本不是 A 討論的重點，C 跳出來聲援 A 的論點根本不是 A 本來表達的意思。

接著是「選邊站」。經過上一個階段以後，被批評得受不了的人會一個個離開，留下來的人當然「同質性」就越來越高。逐漸的，討論區裡看起來一團和氣、有志一同，但說難聽點也等於是互相取暖、只是「喊爽」而已。這樣的現象在政治議題相關討論區內尤為常見，只要具備一定程度的新聞常識，往往不難在短短幾分鐘內，看出該討論區究竟偏向哪個「顏色」。

如此一來，造成的結果同樣是「侷限」了使用者，使其無法得到網路最重要的「開闊視野」功能！2014 年 3 月服貿爭議期間，Facebook 出現一波「刪除好友」（Defriend）潮，其實也是起因於類似的狀況。該如何面對、解決這些問題，後續會提供建議。

Make it a Treat!

Google 的另一個驚人之舉（怎麼又是 Google……難道是樹大招風？）—— Google Earth，持續增加「街景服務」功能，從以前只有少數幾個觀光大國、大城，拓展到連冰島的小鎮都有！它讓使用者得以身歷其境，隨自己的意思前進、後退、轉彎，就有如身在當地逛街！雖說有助於前往當地旅行前，先透過這樣的方式「認路」，但如同前面曾經提過的「Treat」概念，它也會降低真正抵達後的驚喜與樂趣。這是我的慘痛經驗，所以後來再也不這麼做了，寧可只先看地圖研究。不過當旅行結束後，倒是可以透過這樣的方式「重溫舊夢」，不但不會降低樂趣，還會令人回味無窮！

我更進一步想到，隨著 4G 上路，網路傳輸越快，可以預期未來將會推出 3D 立體實境＋當地氣味（已有具備此方面技術的產品上市）＋即時與當地人互動。這麼一來，是不是就不需要「實體」旅行了？

離開圖書館剛過 18:00，街道上看起來終於比較有人氣了。因為接下來幾天在野外只能求飽、沒辦法求好，所以我把握身在「文明地區」的最後機會，晚餐刻意選擇「平哥酒樓」——放心，雖然有一個「酒」字，但它可是道地的高級中餐廳。裡頭只有兩桌共六位客人，生意看起來很冷清，裝潢、氣氛雖不錯，但總感覺怪怪的。再說，我一個人也不可能單點大菜來吃，於是便點了雞肉炒麵外帶，打算回民宿愉快的享受私人空間。

等候區就在廚房外，聽著廚師用中文對話，心想全冰島也不過兩百多名來自中國的移民，在這兒就讓我遇到兩個，還真是不容易呢！付帳時已經事先看過標價是 2,190ISK，於是備妥了 2,200ISK 交給服務生，結果他先把 200 元硬幣還我，又找我 310ISK。滿頭霧水的問了他，才知道原來菜單上標示的是「內用價」，而「外帶價」則是 1,690ISK。雖然他理所當然的告訴我「因為你外帶，我不用提供服務」，但是高達 500ISK 的落差，等於是收取 30％左右的服務費，冰島的人力價值未免也太昂貴了吧？

回到民宿才發現塑膠袋內放著兩個餐盒，打開一看，原來大的那盒是炒麵，小的則是附加的白飯，看那分量接近兩大碗，難不成冰島人的食量都這麼大？我連炒麵都吃不完，只好把飯放到廚房冰箱，等明天一早出發時帶上，又可以打發一餐。雖然窗戶開著，卻幾乎沒聽到戶外有什麼聲音，這可說是冰島的常態，只要離開首都幾乎都是如此，也難怪我會這麼愛它。邊吃飯邊看 BBC，追蹤西班牙火車意外的後續消息，還注意到另一則受矚目的國際新聞：美國士兵 Bradley Manning 因洩密案出庭接受審判。此時我還不知道，這個事件與冰島竟然也有密切關聯！

盥洗過後，舒服的躺在床上閱讀剛買的《Scientific American: Mind》雜誌，發現有好幾篇值得細讀，其中一篇正好與本書的主題「心靈整形」息息相關。長久以來世人（包括心理學家）都認定，一個人的人格特質（personality traits，以下簡稱「個性」）是固定不變的，而且個性是影響我們「感知」自己生活得如何（是否幸福、快樂）的單一最重要因素（single biggest factor）——

同樣被裁員，對 A 而言就像世界末日一般，對 B 卻是另一個機會與新生活的開始；同樣被拋棄，C 會覺得這輩子唯一的真愛已經逝去，自己再也沒人愛了，D 卻認為「天涯何處無芳草」，更好的對象正在某個角落等待自己。意思就是，如果你生下來的個性和 A、C 一樣，最好求神拜佛，祈禱自己不要遇上這類負面事件，否則只要一發生就「注定」只能變得很沮喪、很失落。

近年來的研究則發現，個性並非固定不變，而是「可以改變」的，只是如同我常說的一句話：江山易改、本性難移，關鍵是「難」而非「不能」。除了工作滿意度、人際關係穩定度這些很容易理解的影響因素之外，本篇研究還提到兩個有趣的關聯：「離婚」對女性的個性影響，是變得外向（extroversion）、心胸開闊（openness）；「再婚」對男性的個性影響，則是變得比較不那麼神經質（neuroticism）。當然，我們沒有必要採取如此「劇烈」的手段來改變個性，只要有技巧、有耐心的進行「心靈整形」，同樣可以藉由溫和而循序漸進的過程，達到改變個性的目的！

臨睡前，肚子忽然一陣絞痛拉了一回，直覺懷疑是中午吃的沙拉三明治不太新鮮。沒想到半夜又醒來拉了兩次，依照過去的經驗（重要的考試、比賽、演講前夕），這根本不是吃壞肚子，而是「心因性腹瀉」，由於過度緊張所造成！因為伴隨著腹痛，我同時感到胸悶、心悸，腦中不由自主浮現出與健行相關的事物，尤其是可能發生的悲慘事件：走在荒野中扭到腳進退兩難，遇到火山大爆發無從遮蔽躲藏，野外紮營帳棚被吹破凍僵……。

或許你會想到「早知如此何必當初」這句話，確實，明知自己是個膽小、怕死、怕麻煩的宅男，為什麼偏偏要自找麻煩，安排這一次艱苦的冒險行程？答案就是接下來要談到的主題。

開闊視野的行動原則——和自己「唱反調」

　　了解開闊視野的四個「管道」之後，更重要的是如何加以運用，此時就得進一步討論實際的「行動原則」。其實關鍵就只有這句話：「和自己唱反調。」理由顯而易見：如果你的行動都是沿襲自己過去的模式，則頂多只能做到「不求有功，但求無過」的「守成」，怎可能有「開闊」視野的機會？這其實正是「踏出舒適區」的概念，以下就以我個人的經驗，分別從四個管道切入說明：

閱讀

　　雖然從高中開始，閱讀推理小說就是我最大的興趣，更帶給我莫大的快樂，但我不時會「強迫」自己閱讀、購買科普書籍（特別是與我的本行醫學、心理學無關的）。讀著讀著，幾年下來慢慢讀出興趣，甚至不時有觸類旁通的收穫，進而加強我的「橫向思考」能力。

　　雖然我曾經有強烈的政黨色彩（甚至有一陣子熱中參加造勢活動），但我也曾刻意持續半年，每個月購買和我色彩「完全相反」的雜誌。起初真的是越讀越火大，幾乎連看都看不下去。但是讀著讀著，我逐漸發現看似位於兩個極端的理念，其實都有其存在

的必要性，進而能夠理解、體會兩者的差異。

只閱讀輕鬆沒負擔的八卦雜誌、影視報導、體育新聞、小說漫畫，固然浪費時間且收穫有限，但若是只閱讀正經八百的書籍，完全沒有考慮到休閒、放鬆，也不見得是件好事。適時的調配時間，有時「順」自己的意讀想要讀的，有時刻意和自己「唱反調」，才能讓閱讀發揮最大的效果。

旅行與大自然

前文曾經提過，從大學開始我就是個標準的宅男，對大自然的感覺就是討厭（髒）、害怕（會飛的昆蟲）。誰知道，認識老婆（當時是女友）以後，由於她喜歡到郊外散心，在她的「威脅利誘」之下，我被迫開始接觸市郊的小山。接著，是被迫購買腳踏車，先從河濱車道騎起，升級到跨縣市騎，最後是帶著車子到北宜、花東、金門遠征。

婚後開始出國旅行，雖然我不排斥接近大自然，但是孤僻、怕髒、怕麻煩的我，住宿一定要住旅館，就算住民宿也一定要選擇有獨立衛浴的。結果，隨著老婆的步步進逼，我先是接受搭乘廉價航空（航班時間很差，常要在機場等到半夜才出發，或者凌晨抵達

等到天亮才能出機場），接著是住宿方面撤守，開始睡六人房、八人房的青年旅館，還得共用衛浴，最後連露營裝備也買了。先後在墾丁、金山、陽明山、頭城、五峰等地露營，而且因為我們沒有車，所以要不就是搭公車再步行，要不就是一路騎單車——當然所有裝備都得揹在身上。

　　結果，老婆後來玩膩了這種旅行方式，反而我越來越喜愛這樣的冒險犯難（其實也沒多「難」），最終才會安排這次的冰島大冒險。不過，這其實是我第一次出國露營，之前只有國內露營的經驗，而且就直接選了個氣候、地形都可算得上嚴苛的地方，會不會太「衝」了呢？

人際互動

　　前面提過，見賢思齊固然重要，但是重要性卻遠遠不及見不賢而內自省。再說得精確一點，應該是見「不同」而內自省，而非「不賢」。理由如同「閱讀」管道中所提到的，藉由接觸與自己觀念、看法截然不同的人，挑戰自己固有的「理所當然」想法，才能透過看到不一樣的可能性，進而開闊自己的視野。

坦白說，由於長久以來的孤僻與龜毛個性，這部分至今仍然是我的罩門。還好，我的工作「強迫」自己必須每天（除了假日沒看診）接觸「不同」的人，聆聽他們訴說自己的故事。不管他們的想法與我有多大的差距，對我來說有多麼難以接受，我都必須耐心的傾聽，更需要加以「同理」。幾年下來，就如同我常「自豪」的說：再怎麼稀奇古怪、難以置信的誇張事都聽過，比偶像劇、電影的劇情都來得精采萬分，而且更加真實。如此一來，視野想要不開闊都很難了！

當然，也不能不提旅行帶給我的幫助。經過幾次自助旅行的磨練，特別是與老婆分開走，獨自一人的時候，我「被迫」與陌生人相處、互動，不管彼此的文化、習慣有多麼不同（為什麼法國人不管流多少汗，就是不肯晚上洗澡，寧可噴香水睡一覺等到隔天早上），還是得去適應、了解、體會。當然你也可以選擇不理別人，只管走自己的行程，但是這麼一來，不但很容易感到不舒服（被冒犯、被打擾、被忽視，但根本是因為不了解所造成的誤會），也會少了很多樂趣與學習的機會。

網路

《搜尋引擎沒告訴你的事》（左岸文化 2013 出版）一書中，作者伊萊‧帕理澤（Eli Pariser）對於「網路剝奪使用者自主權」這個議題，有深入而詳盡的闡述與探討。如何克服這個問題，他提供兩個簡單的建議：

‧**定期刪除網頁瀏覽器裡的「cookies」**。不要為了求方便而隨時處在「登入」狀態，讓網站得以透過儲存的 cookies 持續記錄個人使用習慣。

‧**改變上網「路徑」**。人是「習慣」的動物，每天固定上網的路徑幾乎不變：用 Google 搜尋資料，用 Facebook 進行社交互動，參考某旅遊網推薦的美食、旅行資訊。只要提醒自己，隔一陣子就刻意從不同的管道進行上列網路活動，就能避免自主權受到大型網路公司剝奪。

這樣的「刻意」行動，同樣必須運用到前面提過的「討論區」部分。當你發現在某個討論區裡，不管怎麼讀都是自己十分贊同的觀點，怎麼寫都能得到很多支持與迴響，就表示你很可能已經落入「尋求溫暖」、「喊爽」的惡性循環。和「閱讀」的概念相同：進行這方面的互動固然能讓你得到肯定（也確實有其必要性與正面意義），但如果「只是」接收這類資訊，則會讓你的視野越來越侷限。唯有透過「刻意」接觸與自己（以及所屬討論區）觀念互異的意見，才能解決這個問題。

上網時請記得提醒自己：網路最重要的功能是「開闊」人們的視野，所以只要是會造成「侷限」的，都要提高警覺，想想究竟哪裡不對勁。

旅行筆記

睡得片片斷斷，4:00 就爬起來看書。打開電視正好看到天氣預報：明天（健行第一天）是 19°C 大晴天，後天會降到 13°C 兼下雨，大後天將更冷。雖然我向來不喜歡「先甘後苦」，但是在面對大自然的時候，若想要兼顧緊湊的行程計畫，卻也只能全盤接受。

為了避免「出師未捷」就先受傷，我今天不敢再冒險，寧可早點出門，一次揹一個背包，放到巴士站再回來揹第二個。7:30 就陸續有巴士抵達，甚至還有一班是跨越整個冰島，前往首都的長途巴士（耗時超過 13 小時）。坐在溫暖的車上等出發時，有好幾位腳踏車騎士拆車裝進巴士行李廂內（這是我最嚮往的冰島旅遊型態）。一輛小客車載來幾籃麵包、甜甜圈，一一裝進行李廂，準備運送到其他城鎮，讓我見證了 Akureyri 重要的農業、商業中心地位。

8:00 準時出發，同車的乘客不多（這時我還不知道原因），車上除了司機之外，還有一位車掌小姐。剛出市區往山上爬，一陣雨霧迎面而來籠罩四周，Akureyri 很快就看不到了，心中一股惆悵感油然而生。我一直很疑惑，為什麼到其他國家時，從來不會出現這樣的情緒反應，唯獨每次到冰島時，感受卻都如此強烈？

途中行經 Goðafoss（意思是「上帝的瀑布」），雖然高度落差只有 12 公尺（冰島最高的瀑布是 190 公尺），但寬度有 30 公尺，是冰島最壯觀的瀑布之一。由於它就位在環島公路旁，交通方便容易抵達，因此成為遊客必訪的景點，更是最受歡迎的半日 local tour 目的地。巴士在此休息 15 分鐘，讓乘客下車拍照，也可以順便到瀑布旁的休息站盥洗、用餐。

9:40 就抵達 Reykjahlíð，米湖周邊唯一稱得上「鎮」的地方（不過也只有兩百多位居民）。旅館、超市、郵局、銀行、加油站、遊客中心都集中在此處，也是往來米湖巴士的停靠站。依照《Lonely Planet》書中的資訊，巴士應該會停在離我下榻的民宿 300 公尺外，結果一下車發現就在馬路正對面，真是得來全不費功夫！只能怪版本太久沒有更新了（手邊是 2007 年版，而 2013 年剛出新版）。

民宿就在路邊，是一棟不起眼的兩層樓建築物，不過重點在靠湖那一側，有一整片面寬超過 250 公尺的大草坪，是民宿經營的露營場地。雖然已經有幾十頂帳棚，看起來卻一點也不擁擠。正因為占據了這個得天獨厚的絕佳地點，加上經濟實惠的收費，使它成為米湖周邊最熱門的住宿選擇。

因為時間太早還不能入房，所以我把行李寄放在櫃檯，打算先借單車進行「環米湖之旅」。工作人員詳盡的回答前一位住客的詢問，慢條斯理地處理他的要求，我光是在櫃檯前就等了 20 分鐘，只能說很符合此地的悠閒氣氛。沒想到接下來借腳踏車時，情況也好不到哪裡去。

不同於一般腳踏車租借處只是隨便找個地方用以「停放」，這家民宿竟擁有一個獨立的車棚，除了可避免風吹雨淋加快零件損耗，還兼具維修保養廠的功能。一位老先生幫我選了車，仔細地把全車檢查一遍，接著詳細詢問我騎單車的經驗，最後再加上米湖周邊的道路狀況說明。等到終於可以出發時，已經超過 11:00 了！

開闊視野的行動原則——循序漸進

前一段提到「和自己唱反調」的觀念，希望讀者沒有迫不及待的展開行動，因為在正式進行之前，還有一個重要的提醒：唱反調要有技巧，不能傻呼呼的低著頭往前衝，必須運用心理學領域中「行為治療」（behavioral therapy）的概念，尤其是以下兩個重點。

循序漸進的逐步提高難度

先評估自己目前的狀態，以及希望達到的目標，估算兩者之間的差距有多大，把這段「距離」分成幾小段，訂出幾個「目標」，再從最接近自己的目標開始做起，由易而難一一達成。

我在克服自己對「大自然」方面的「罩門」時，老婆的「步步進逼」就是最好的例子。如果打從一開始（對髒、不便、昆蟲還很受不了時），就直接要我嘗試在野外露營，想當然耳我一定會萬分抗拒，死都不願意嘗試，再怎麼逼迫也只會帶來反效果。因此，我們先從爬市區郊山做起，距離近、難度低、奇怪的生物比較少，接受度當然比較高。當我對塵土、青苔、蜘蛛、巨斑蚊逐漸產生「心理免疫力」，下一步才嘗試陽明山、太魯閣這些難度稍高、生物較奇怪的野外。接下來，在墾丁、東北角這些有完善設備的地

點露營，再逐步挑戰環境及設備欠佳的地點。

　　後來，我不但在家中陽臺種過好幾種蔬菜，甚至還從公園中抓來好幾種毛毛蟲的幼蟲養在茼蒿菜上（牠們顯然很愛吃這種嫩嫩的菜葉，個個長得又高又壯），記錄牠們的生長過程。連這種事都敢做，到冰島健行露營對我而言，就不再是個遙不可及的目標了。

適時適度的獎勵自己

　　就算是心甘情願和自己唱反調，再怎麼說還是一種「挑戰」，所以在努力之餘，也別忘了給自己一些獎勵，以提高繼續努力的動機。而且，最好是立即與努力產生「連結」的獎勵。

　　想克服對大自然的排斥？到郊外活動一天以後，用喜愛的美食犒賞自己（註）。想克服對人際互動的焦慮感？參加完一次團體溝通課程以後，買本想看的好書回家「宅」一天。想學習接受不同的意見與想法？刻意瀏覽與自己意見對立的網路留言以後，回到

熟悉的討論區「取暖」是合理的做法。

　　談到網路，讓我想到近年來心理學家研究的一大主題：網路互動與實際互動的優劣。截至目前的共識是，兩者可以扮演「相輔相成」的效果。首先，網路上的人際互動，如果可以同時伴隨生活中的實際互動，則能達到加成的效果。使用 Facebook「確認朋友邀請」時，會詢問使用者「在真實生活中是否認識對方」，或者不少大樓、社區、鄰里會使用網路成立討論區，都是基於同樣的理由。其次，網路上的人際互動，可以作為邁向真實世界人際互動的踏腳石。這方面的醫學研究，在社交畏懼症及自閉症患者身上，都已經得到可觀與肯定的發現。對從小孤僻的我來說，這也是極佳的「訓練」場所——看我從起初只敢在網路上認識外國朋友、與他們互動，到現在出國旅行時常找人「搭訕」，還熱心（過頭）的幫忙別人，就知道成效確實不錯。

註：在這個例子中，我們設定的「目標」是為了克服對大自然的排斥，所以考慮重點不是熱量高低。
　　如果設定的目標是「加強運動以減重」，當然就不能採取這種與目標互斥的獎勵措施。

旅行筆記

不像其他區域以黑色為主，北冰島的大自然綠了許多，看起來也比較順眼，米湖周邊尤其如此。這得感謝此地正好座落在大西洋中洋脊（Mid-Atlantic Ridge），位於歐洲大陸板塊與美洲大陸板塊交界處，頻繁而劇烈的地質運動，造就了泥溫泉、火山熔岩、破火山口（caldera）等獨特地形，使米湖成為貨真價實的「熔岩平原」。不但有火山地形，也不缺茂密的植被。

此外，由於南方冰原的屏蔽效應（擋住來自南方的水氣），使米湖成為全冰島最乾燥的區域。在夏季造訪此處，想要遇上天氣不好的日子還真不是太容易。就以今天來說，太陽大得嚇人，只穿一件排汗衣騎車都覺得有點熱了，沒幾分鐘就開始流汗，甚至連太陽眼鏡都提早派上用場。

米湖面積 37 平方公里（日月潭約 8 平方公里，西湖約 6.5 平方公里），環湖公

路一圈約 36 公里，如果依照平時的騎車速度，不到 2 小時就能騎完。不過，「悠閒」才是這兒的王道，況且沿途有不少景點可以健行，所以我打算花上整天的時間騎完一圈，傍晚再回民宿。

從位於東北方一點鐘方向的 Reykjahlíð 出發，往南採取順時針繞湖，第一站是不遠處的 Hverfell 火山，遠遠就能看到它聳立在地平線上。它是由玄武岩所組成的錐體，在兩千五百年前形成，雖然高度只有 312 公尺，但火山口直徑卻是驚人的 1 公里寬。不管走南或北兩條步道，離山頂都只有 3 公里左右距離，可說是老少咸宜，因此成為米湖周邊必遊景點的首選。

我將腳踏車鎖好放在停車場，邊走上步道邊啃著 baguette（法式長棍麵包）充當午餐。雖然是正午時分，沿途的遊客卻不少。走了好一會兒，覺得與火山口的距離怎麼還是沒有拉近？正好看到路旁有一個指標寫著「Difficult Path」，難度較高的步道，我便毫不猶豫的走上去。一方面想要節省時間快些抵達山頂（難度較高等於距離較短），另一方面也想當作明天正式上場前的「熱身」兼「測試」。果然，沿路都是崎嶇不平的大石塊，必須跳上跳下辛苦的前進，有時還得從小樹叢間穿過去，連東南西北都分不清楚了，完全符合我的訓練需求。好不容易走回主要步道，怎麼風景好像似曾相識？該不會是「既視感」（Deja vu）作祟吧？研究了一下路邊的標示圖，猛然發現這條難度較高的步道，竟然是接回出發點附近！原來我剛才走進去的地點其實是「出口」而非「入口」，真是無言……事到如今我也懶得再走一次，便很乾脆的放棄登頂，反正在夏威夷大島已經看過規模差不多的火山口。

下一個停靠站是座從陸地向湖面延伸突出的小山丘，有一段距離很短的步道，這次肯定不會再走錯了。不到 10 分鐘就走到頂，雖然地勢不高，但因為沒有阻礙，因此近可俯瞰米湖的沼澤、湖面，遠可瞥見白茫茫的積雪山頂。下山時，驚喜的發現一片開滿小黃花的草坪，周圍則是一大片松樹林，感覺一點都不像在冰島，簡直就像身處中歐的某個小森林。如果時間允許，坐在這兒野餐外加舒服的睡個午覺，應該會很享受吧！

接下來這段道路正好緊貼著湖邊，我特別下車仔細觀察湖底，想要尋找傳說中的米湖之寶——球藻（Aegagropila linnaei）。它的形狀是「圓球形」，和一般長條狀、樹枝狀的藻類截然不同，看起來既特別又可愛。全世界只有冰島、蘇格蘭、愛沙尼亞、日本曾經發現這種植物，至今連它為什麼會呈現球狀仍然不清楚，充滿了神祕的氣息。可惜據報導，這幾年冰島的球藻由於不明原因數量銳減到幾乎絕跡，而我運氣也沒有好到發現那僅存的極少數，所以只能望湖興嘆繼續前進了。

開闊視野的行動原則──學習「觀察」

開闊視野的第二個行動原則，就是學習「觀察」，特別是觀察大自然。如果少了這個動作，就算身處在大自然，也無法感受到其中的奧妙之處，更遑論達到開闊視野的目的。難就難在，很多人會說：「我對大自然沒興趣，也不想接觸動、植物。」該如何培養出這方面的興趣，除了前段提過的循序漸進、自我獎勵兩大原則之外，還有一個重要的關鍵：要有可以「分享」的人。當你心中有個想要分享的對象時，只要記得時時提醒自己這件事，往往就能促使你更加願意、更加認真去觀察。

就以我為例，印象最深刻的是先前住在某大學附近時，下班後常會到校園中健走運動。但光是繞圈子實在很容易無聊，所以我學著觀察校園中的草木、動物，並且把有趣的發現記下來，回家和心愛的老婆分享。期間我認識了兩個好朋友：蘇洛貓與麻鷺。

蘇洛貓的正式名稱是「黑白貓」，校園中的一隻流浪貓，因為臉上的黑色毛髮分布很像蒙面俠蘇洛的面罩，所以常被這麼暱稱。我會不時餵牠吃貓零食，久而久之牠就認識我的聲音了，一叫「蘇洛貓」便會回應（老婆叫牠則不會有反應）。牠是校園中的「貓王」（此貓王非彼貓王），不但有專屬座位，還會用爪子教訓其他入侵的野貓。有一陣子牠的前腳不知為何受了傷，皮開肉綻、走路一拐一拐的，看得我好不心疼！麻鷺則是常在夜間行動的鷺科鳥類，最喜歡吃蚯蚓，總是一動不動的站在草地上，看準目標猛地

往土裡一啄，就叼起一隻蚯蚓大快朵頤。雖然我沒有暴力傾向，但是看到這樣的畫面仍會感到熱血沸騰，甚至還拍過幾段牠獵食的影片呢！我最喜歡觀察牠們的一舉一動，並且「報告」每天的發現給老婆聽。如此一來，可以同時達到運動健身、訓練觀察力、增進夫妻感情三個目的。

或許你會問：如果沒有可以分享的對象怎麼辦？我的建議是：每個人一定都有個可以分享的對象——「未來的自己」。透過什麼方式分享？「日記」。不管記性再好的人，就算能把「事件」都記得一清二楚，也不可能把「感覺」都記下來，甚至常常會發生「失真」的狀況。沒有寫過日記的人恐怕很難體會，當你五年、十年後回頭去讀當年自己記錄下來的所見、所聞、所感時，與你的記憶會有多大出入？國小時我被要求每天必須不間斷的寫日記，當時感到麻煩的一件事，如今拿出來每天讀幾篇給老婆聽，其中的樂趣與收穫真是太驚人了（還得感謝媽媽把所有的日記都收藏起來）！

其實「觀察」不只是針對大自然，生活周遭的事物都可以進行這樣的練習，也值得做這樣的練習。每天上下班經過的地點就是最好的開始：新開了哪家店？公車上、捷運上有什麼特別的廣告？今天的交通怎麼會異於往常通暢？實在有太多可以注意、能帶來樂趣的事物，等著你去發現。聰明的你或許已經想到，除了觀察大自然之外，也應該觀察「人」吧？別急，下一段就會談到這部分。

旅行筆記

離開湖邊繼續前進，騎到米湖東南邊（五點鐘方向）時，忽然見到路旁指標上有個很熟悉的地名：Garður。愣了一會兒才想到，這不就是從南邊 Askja Trail 黑沙漠接回米湖的出口嗎？六天後我將會完成冒險出現在這裡，如果一切順利的話……還是先別想太遠好了，以免影響此刻的遊湖興致。

接下來還有兩個遊客眾多的景點，看介紹似乎都頗值得一遊，但我已經覺得左腰不太對勁，不知道是太久沒騎腳踏車，或者避震效果欠佳？為了安全起見，只得放棄這兩段步道，繼續往前騎。

繞過湖的最南端，進入西邊這一側的道路，可能是因為景點較少，所以幾乎沒有車輛經過，我也樂得清靜。路上見到好幾具被碾過的水鳥屍體，看來是因為車流量小、車速過快所導致。由於湖中的食物豐富，使米湖成為全世界（不只是冰島）首屈一指的野生鳥類觀查地點，在這裡幾乎可以找到全冰島的水鳥種類。所謂「食物」指的是什麼？是我最討厭的事物前三名──「蚊子」！

　　其實，米湖的冰島名稱「Mývatn」意思就是「蚊子（Mýva）湖（tn）」，水中豐富的養分使藻類繁殖旺盛，也打造出蚊子繁殖的樂園。東邊那一側的道路還不明顯，繞到湖西邊這一側，或許是人車很少，蚊子多到驚人的程度。有多驚人？往路旁看去，一團團的「霧」飄來飄去，每一團都是由幾百隻蚊子所組成，讓我想起海中的小魚為了自保，會游在一起「組成」大魚的形狀，這裡簡直是如假包換的「陸地版」。更誇張的是，當我停下車來拍照，有一半以上的照片必須刪除，因為正好照到蚊子飛過去擋住畫面！雖然我早已進入備戰狀態，戴上 2012 年格陵蘭之行添購的防蚊頭罩，卻還是被干擾得吃不消，沒有多做停留就離開了。

　　用力踩著踏板加速前進，心中卻充斥著遺憾的情緒。米湖被稱為「冰島最浪漫的地點」，因著它平靜無波的湖面、有別於其他地區的綠意、常年陽光普照的好天氣，以及緩慢的步調與悠閒的氣氛。我本來就是基於這些理由，才刻意安排這次的環湖單車行程，還準備「野餐」，打算找個沒有人的湖畔享受午後時光。怎知，千算萬算卻沒算到「蚊子」這一點，雖然事前就讀過相關資訊，只是沒想到會多到這麼誇張，連想要停在路邊喝口水都很困難。

　　一位開著牽引機的年輕農夫從我旁邊「超車」（我時速 20，他頂多 25，根本是在比「慢」），經過時他滿臉笑容的向我揮手打招呼，就像個鄰家男孩那樣。老實說我有點意外，因為冰島人雖然不至於到「冷酷」的程度，但是大多穩重矜持，很少會這麼熱情的和陌生人（尤其是觀光客）打招呼。再加上他頭上戴著一個 size 超大的耳機（很像戰鬥機飛行員用的那種），還搖頭晃腦邊開車邊哼歌，要不是剛才的互動，我肯定會很快把他歸類為「輕浮沒品、不學無術的冰島農村年輕人」。

　　這樣的反射性想法，正是接下來要談的重點。

開闊視野的行動原則——
學習「不批判」的「體會」

　　只靠「觀察」還不足以達到「開闊視野」的目的，必須輔以學習「體會」，而想要做到充分的體會，「不批判」絕對是關鍵的第一步。

　　我對米湖的大自然（蚊子）及居民，雖然都做了「觀察」的動作，卻也同時在心裡做了「批判」。只要出現這樣的心態與想法，就很難進行觀察，想要體會就更不可能了。理由很清楚：首先，當心中出現批判的想法，你的情緒必然會受到影響，當然很難心平氣和的進行觀察與體會。其次，之所以會出現批判的想法，當然就表示觀察到的人事物，與你向來固有的觀念相左，而且你很難接受這些不同點，如此一來，怎麼可能設身處地的加以體會？又怎麼可能進一步開闊自己的視野？

　　類似這樣的「批判」心態，在旅行途中很常會遇到，因此也是最好的學習機會。不僅在國外旅行是如此，就算在國內旅行也一樣適用。就以我幾次到東海岸騎單車的經驗為例，剛開始還真是不適應，因為不時會有路邊居民突然大喊：「加油！」呼嘯而過的車輛駕駛按喇叭外加大聲鼓勵，害我被嚇到好幾次，差點沒摔車。後來，我慢慢能夠體會這是他們純樸、熱情的表示，不但欣然接受，還會向他們揮手致意。

　　以上這部分還不難想像，但接下來這一點就很容易被忽略了：人不只會批判外界、批判別人，其實更常會批判「自己」，這又可分為兩方面說明。其一，直接了當的批判自己。過度「崇洋媚外」，總覺得「外國的月亮比較圓」，就是最明顯的例子，甚至連冰島這個曾經連續六年被聯合國選為「全世界最適合人居」的國家，竟也難以避免這種心態！這部分後續會有進一步討論。其二，表面上批判別人，實際上卻是「不自覺」的批判自己。「酸」別人就是最典型的例子，因為會用到「酸」這個字，就表示你已經把對方置於「高自己一等」的位置（如果認為對方不如自己，根本連酸也不需要、不屑了）。雖然看起來似乎是在批判對方，但骨子裡卻是繞個圈批判（承認）自己「不如對方」。

　　既然不管是對外或對內批判都有必要加以修正，我們究竟該怎麼學會「不批判」？這正是下一章的主題，且讓我先就此打住，回到展開冒險前的最後一晚。

旅行筆記

回到民宿把單車還給熱心的老先生,他仔細地從頭到尾將整輛車檢查一遍,散發出「連一道刮痕都會追問」那樣的氣勢,實在是非常盡責(過頭)。櫃檯前沒有人,讓我得以很快辦理好 check in 手續,連明天的車票也順便買好。這才發現,原來要前往 Askja Trail 健行,只能報名參加當地的 local tour 一日遊行程,然後半路離隊開始走,根本沒有巴士可以搭乘!也因此,雖然比參加全日行程(約 10 小時)的價格 20,000ISK 便宜,但是區區 2.5 小時的車程就要價 10,000ISK,實在是挺誇張的。

客房位在民宿二樓,總共只有四間,我訂的雙人房正對著米湖,是位置最好的一間。雖然價格不算便宜(夏天旺季就算只有一個人入住,還是要依照雙人房的價格收費),但肯定是物超所值。唯一的問題是房間面向西方,這天又是將近 20°C 的溫度,傍晚的陽光從窗戶照進來,把室內烤得熱騰騰──別忘了,夏天的冰島直到晚上 9 點都還是傍晚!也就是說,我還得在這個「烤箱」中「享受」5 個多小時的三溫暖!好吧,趁這個機會把衣物都洗好晾乾,因為接下來在黑沙漠裡健行,會有好幾天沒辦法洗衣服。

出發前的最後一頓晚餐,我不敢吃「太特別」的食物(在荒野中拉肚子可是既

尷尬又麻煩），選擇了最安全而熟悉的漢堡，順便以吐司補齊不足的糧食，因為接下來六天五夜的民生大事，全都得靠揹在身上的這些食物了。多事的我，還買了不符合成本效益的水果（重量太重，能提供的熱量卻極為有限），因為我除了怕拉肚子，也怕太多天沒吃蔬果會拉不出來。

洗過澡後，我仔細的吹乾頭髮、刮完鬍子（都是接下來幾天沒辦法做的事），把用不到的物品全都裝進老婆的背包裡，打包好拿到隔壁的 Hótel Reykjahlíð，六天後從沙漠「生還」歸來時即將入住的旅館。出國前已經聯絡確認過，可以把多餘的裝備放在旅館裡保管，至於如果到時候沒人領取，該怎麼處理這件行李？他們沒有問（顯然也不敢問），我也沒有說（連想都不敢想），不過我想這種事他們處理起來應該是駕輕就熟吧！

回到民宿，整間房子靜悄悄的，本想早點休息養足精神，可是天很亮，也還不覺得累，便拿出免費雜誌閱讀。這是我最喜愛的一本冰島雜誌（當然是專門給國際旅客讀的英文版），每次來都會買，還曾經從臺灣訂閱過一年。內容包羅萬象，從歷史、文化、藝術這些軟性文章，到政治、經濟、科技這些硬性內容都有，薄薄一本就能對冰島有一定程度的了解。誰知道這次在書店買不到，原來已經改為免費贈送了。本期正好有一篇關於 Akureyri 的內容：一位 15 歲的當地青少年，藉著自己從小在香港長大建立的人脈、學會的語言，回到冰島讀中學以後，利用網路進行海鮮販賣（從 Akureyri 宅配到香港），現在已經成為當地赫赫有名的「魚販」（fishmonger）。另一篇同樣是關於「英雄出少年」的報導，則訪問了冰島現任首相，2013 年 5 月走馬上任時才剛滿 38 歲，創下全世界施行民主政治國家中，「最年輕領導人」這項紀錄。

看完這兩篇饒富意義的文章後，我才終於有些睡意了。拉上窗簾準備就寢時，看見戶外草坪比中午還多了不少頂帳棚，我才忽然驚覺到：本來打算在這裡練習搭帳棚，結果現在已經要睡覺了，卻徹底忘記這件事！這件事有多重要？打從這頂新帳棚入手到現在，我只在家裡客廳練習搭過一次（也已經是幾個月前的事了），從來不曾在戶外搭過！況且冰島的風可是出了名的大，尤其是我即將前往的 Highland，怎麼在風中（甚至雨中）搭帳棚，我根本完全沒有概念！

還是算了吧！我只猶豫了片刻就這麼告訴自己，反正「車到山前必有路，船到橋頭自然直」，就算沒路、不直也只能硬上了。

第二章

寬廣的心胸
微整形

心靈整形第二步驟──寬廣你的「心胸」

　　透過「行動」的改變來「開闊視野」之後，第二個心靈整形的步驟要稍微往「內」深入，透過「想法」的改變來「寬廣心胸」。這個步驟就如同「微整形」一般，在表層皮膚下方「填入」某些東西，藉由「支撐」的原理，達到美化外表的目的。不管是注射玻尿酸、肉毒桿菌、脂肪，都是基於類似的原則。

　　要達到寬廣心胸的目的，首先我們必須打破固有、侷限的思考模式，建立起新的「架構」來「支撐」自己的想法。我會從「對自己」寬廣心胸、「對外界」寬廣心胸兩方面討論，提出重要的架構供讀者參考。架構建立之後，才能接著「學習」如何寬廣心胸，這部分我會提出幾個進行調整的練習方法。

　　不知道讀者有沒有發現，第二步驟與第一步驟其實是互為表裡：只有視野而沒有架構，就算看得再多、行動得再積極，也無法從中得到收穫、帶來自己的改變；只有架構而沒有視野，則是缺乏內容物，就算想法、觀念再怎麼正確，也容易流於空想、唱高調，同樣很難帶來任何改變。前者就如同到過全世界上百個國家旅行，卻沒有真正「看進」腦子裡、「吸收」到心裡；後者則是標準的死讀書，就算觀念再正確，卻不知如何實際運用到生活中。

　　此步驟的關鍵詞正是打破「應該」的心態。

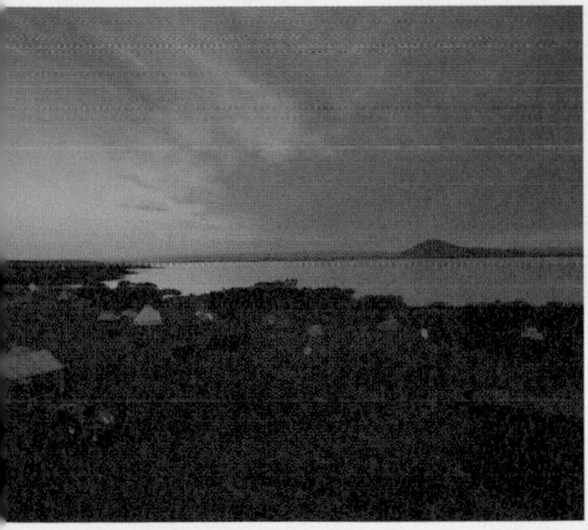
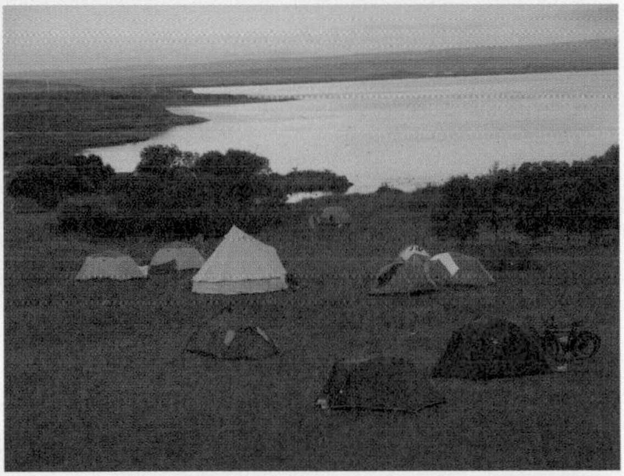
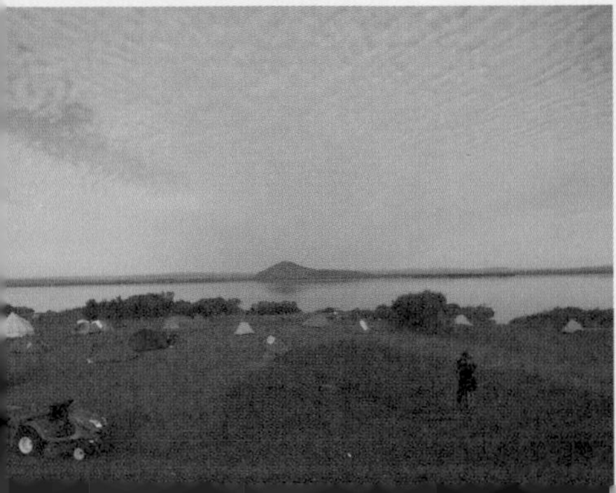
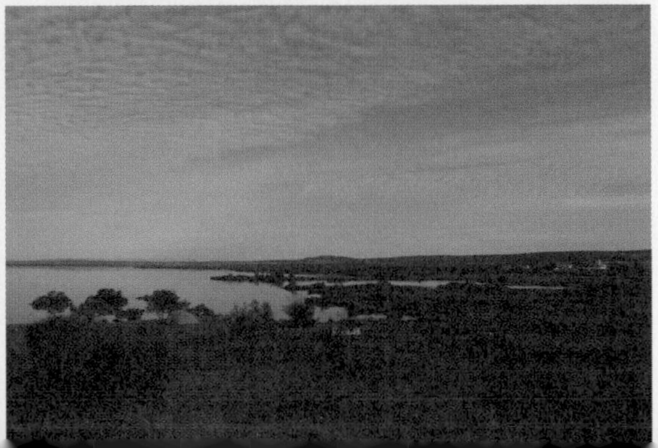

旅行筆記

剛過午夜就醒來，不知是因為尿意或焦慮，不過兩者其實常常伴隨出現──因為緊張而頻繁想上廁所。拉開窗簾一看，正好是夕陽西下時分，湖面連接著天際線，滿天、滿湖的紅霞是我在冰島不曾見過的景象。迫不及待的套上外套跑到湖邊，並不覺得太冷，或許是白天的熱度還未散去。草地上帳棚不少，但是四下一片寂靜，只有一位露營者和我一樣拿著相機在外頭。夕陽拍完以後，我轉過身連東邊剛升起的半月也一併拍下，因為接下來幾天應該不會有這樣的機會了吧！

睡到 3:00 再次醒來，感覺左腰一陣酸痛，似乎是騎了一天的單車造成輕微拉傷，讓我不禁開始擔心會不會影響今天的健行。因為今明兩天沿路沒有水源，至少得準備 5 公升的水才夠用，粗略估算背包總計至少有 22 公斤重。不過這兒既沒有磅秤，我也寧可裝傻不知道數字，反正不管多重還是得揹著走。「害怕多於興奮，擔心多於期待」，是我此時在筆記本所記下的心情寫照。

為了轉移注意力，我傳了簡訊給老婆，請她傳統一發票中獎號碼給我──因為我第三度帶著兩百多張統一發票出國，而今天已經可以對獎了。2012 年 7 月在格陵蘭對中兩張 200 元普獎，結果今年更上一層樓，對中三張普獎！這應該可以算是一個好兆頭吧？

吃過簡單的早餐，早早就出門等車。天氣果然如同昨天的氣象預報，是個太陽高掛、溫度適中的大晴天，很適合到郊外走走（只要不是走 18 公里……）。7:30 已經有好幾輛吉普車與小巴士停在候車處，都是要前往周邊區域進行 local tour。我搭乘的大型巴士隨後抵達，一位年輕的導遊小姐走下車，趕忙向她詢問了步道沿途的路況，因為出國前看到討論區有人提起，今年雪融得特別慢，Askja Ttrail 有些路段還被冰封而禁止通行。確定沒有問題以後，這才放心上車等待。

陸續有不少遊客上車，不過每個人都揹著小背包，顯然是參加一日遊的行程，只有我將會半途「脫隊」，不和他們一起回來。準時 8:00 整出發，巴士很快駛離柏油路開進砂石小路，窗外隨之從米湖的綠意盎然，轉變為典型的冰島荒野景象。一對情侶揹著大背包在路旁健行，對著我們的車微笑揮手，沒想到這麼快就看見「同道中人」，可惜沒辦法打招呼。

導遊沿途介紹了不少當地資訊，我認真的一一記錄下來，同時覺得她說起英語來咬字、腔調都很適合我的「口味」，可惜不久就要下車，不然還真想找她聊聊天。最讓我印象深刻的，是行經阿湯哥拍攝電影「遺落邊境」的地點 Hrossaborg-Crater，以及冰島人對他前來取景的熱烈歡迎（註）。

忽見一輛轎車和一輛警車停在路旁，幾個人圍在掀開的引擎蓋旁手口並用。熱

心的司機和導遊下車詢問，才知道原來是浸水拋錨了。因為沿途經過的好幾條溪流，在大太陽、融雪量較多的日子，水面會上升到淹過引擎蓋，所以只有像我們搭乘的高底盤大巴士，或者越野車、吉普車，才能安全涉水通過。這樣的狀況其實並非只限此地，在冰島很多荒野地區都會出現，因此若沒有事先了解清楚，就很容易出現類似這輛轎車的慘劇。

　　當 Herðubreið 出現在遠方地平線上，導遊立刻興奮的指給大家看，還告訴我們她的山頂常常「躲」在雲霧中不見客，很少有機會能看清楚，今天難得整座山都看得到！之所以會用「她」這個字，是因為她被稱為冰島的「山之后」（Queen of Icelandic mountains），而她也是我今天必須行經、「繞」過的最重要地標。

註：冰島媒體對於來自國外的名人總是特別關注，還常給他們冠上「冰島之友」這個詞，不管是來冰島拍戲、宣傳、度假，甚至只是私人飛機過境加油都不例外⋯⋯。

對「自己」寬廣心胸──「捷思法」

對「外界」寬廣心胸的重要性很容易理解,但是何謂對「自己」寬廣心胸?要回答這個問題,得先談談「人為什麼會對自己不寬廣心胸」,或者更精確的問:「人為什麼容易侷限自己的想法,進而造成無法對自己心胸寬廣?」答案得從這個詞說起:「捷思法」(Heuristics)。

所謂捷思法,指的是在解決問題時,採用過去的經驗來下判斷、做決定,尤其是在問題太過複雜,或者資訊不夠充分時。雖然不一定是最好、最理想的答案,但由於它既簡單又有效率,因此能有效節省腦力的消耗,對於每天必須處理難以計數的外來訊息,並做出決定與回應的人類而言,是一項不可或缺的演化傑作。以下舉三種最常見的捷思型態為例:

Availability heuristic(可得性捷思法、易得性捷思法)

由心理學家 Amos Tversky 及 Daniel Kahneman 提出的概念:人們傾向認定「自己會想到的,必然會是比較常見、比較重要的」(if you can think of it, it must be important)。比方:當看到好幾樁狂犬病案例報導時,對於自己周遭的狗就容易(異於往日的)過度

害怕、擔心；看到身邊的人紛紛刮中刮刮樂時，對自己也會中獎的信念隨之提高；因為空難消息總是會被大幅報導，所以對飛機可能失事的擔心程度，反而比（更常發生的）車輛失事意外來得強烈。

Anchoring and adjustment heuristic（定錨式捷思法）

人傾向於依賴自己先入為主的第一印象做決定。比方：假設你不知道冰島的全國人口是多少，如果我先問你：「請猜猜冰島人口比一百萬多，或是少？」然後不告訴你答案，接著再要你試著猜出人口數目，大多數人會猜一百萬上下的數字，結果當然是錯得離譜。又比方：銷售時常用的技巧，當你不知道行情時，如果先提出一個誇張的高價，再逐步依你的要求降價，即使最後的成交價仍然比市價高很多，你還是會覺得自己賺到了。

Representativeness heuristic（代表性捷思法）

很接近「刻板印象」的概念，容易造成誤判人事物「發生機率」的狀況。比方：如果告訴你 A 先生熱中社會議題，隨身自備餐具，常參加反核四活動，再請你猜猜 A 先生比較可能是尋常上班族？或者全職環保人士？很多人會猜後者，但其實前者才是正確答案，因為在社會中，前者所占的比率遠高於後者。又比方：如果擲硬幣連續出現十次正面，請問下一次出現正面或反面何者的機會比較高？很多人會答反面（因為覺得這樣比較「符合」機率），但其實機會完全一樣。就像一對夫妻連續生了「七仙女」之後，太太肚子裡第八個是男或女何者的機會較高？答案依然是一樣高。

捷思法雖然可能會帶來錯誤，但畢竟是有失有得、不可或缺。如果沒有它的協助，當面對每天所必須做出的大量決定，我們的腦袋就會如同跑太多程式的電腦一樣，即使記憶體再大、效能再好也會當機。然而，接下來要談的「自動化思考」，雖然聽起來和捷思法很接近，但它的影響力可就不是這麼一回事了。

旅行筆記

10:20 巴士抵達 Herðubreiðarlindir，Askja Trail 的起點，也是我這次大冒險的出發點。此地是周邊黑沙漠區域裡唯一的綠洲，不但地表長滿茂密的綠草，也有幾條小溪、幾座小湖點綴其中，接下來就得等到明天晚上才能再見到這麼多「水」了。而如果想再看到這麼多「綠色」，則至少得再過四天。同車的乘客都輕鬆的下車活動筋骨，只有苦命的我從行李廂中拿出大背包。下車時問了導遊她明天是否也會跟車來？答案是肯定的。如此一來，說不定明天傍晚當我走到第二個 hut 時還能再見到她，那就以此作為努力活下去的目標吧（聽起來很悲壯……）！

幾棟小木屋座落在荒野中，我走進管理員（warden）居住的那一棟，想詢問指南針的校正問題（因為緯度越高磁極偏移會越厲害）。幾位年輕人坐在起居室內喝茶聊天，巴士導遊也在其中。唯一的管理員是位二十出頭的女性，我的問題似乎超過她的理解，回頭問了其他「閒雜人等」也得不到解答，只好就此作罷。反正今明兩天路線還算單純，今天的目的地是正西方，明天則是往正南方前進，我就不相信

會走錯。

　　等到出了門以後我才想到，她並沒有要求我留下個人資料與行程計畫，依照先前得到的資訊，每個健行客都得在出發前登錄這些資料，並在完成健行後回報以確認安全，什麼時候變得這麼隨便了？難道表示這條路線已經被認定為很簡單、很安全了嗎？然而這不也表示，如果我迷路、失蹤了，根本不會有人知道？算了，越想越可怕，還是趕緊出發吧！

　　很快離開綠洲的範圍，迎接我的是整片黑色熔岩地形，雖然地勢沒有太大起伏，但是得在高低不平的大石堆中跳上跳下，加上超過22公斤的背包重量，很快就讓我感到吃不消。還好正巧走進一片「熔岩通道」區（兩側是半個人高的熔岩所堆成的「牆」，人則是走在中間風蝕形成的天然通道），我才能把握機會把背包卸下來稍作休息——「休息」這兩個字說來簡單，但在黑沙漠中可不是件容易的事，因為找不到可以放置背包的（夠高的）大石塊，如果放在地上，待會兒揹起來時又得冒一次風險（太重了，很容易在揹起、放下時拉傷肌肉）。

　　12:00整終於走到 Herðubreið 山腳下，4公里路就花了我1.5小時，而這才是今天的第一段路，後頭還有14公里在等著我！接下來這第二段7公里路，我將沿著山腳（山的東側）逆時針繞半圈到對面（山的西側）——當然也可以直接爬上山頂再走下另一側，只是得陡升1,000公尺再陡降1,000公尺，不僅難度高，耗費的時間也只會更長。這段路主要是黑沙伴隨小石頭，不再有大型熔岩堆，所以走起來輕鬆迅速不少，讓我鬆了口氣，不過也僅有半小時的輕鬆。

對「自己」寬廣心胸——自動化思考（一）

　　「捷思法」是為了讓自己的腦袋休息，避免因為過度使用而造成難以負荷。雖然同樣可以讓腦袋休息，「自動化思考」（automatic thoughts）卻會造成和自己「過不去」的狀況。這個重要的概念，得歸功於認知心理治療之父、精神科醫師貝克博士（Aaron T. Beck）。

　　貝克博士發現，人的「想法」與「感受」之間有很強的關聯性。他更發現，雖然人總是理所當然的把自己的負面情緒（沮喪、憤怒、失落）歸因於外在人事物，但其實真正的關鍵是自己的「想法」——面對同樣的事件，如果採用負面「詮釋」的話，當然會因為這樣的「想法」而造成自己的負面「感受」。更重要的是，這樣的思考、詮釋過程，往往是不自覺、「自己跑出來」的想法！因此，它們被統稱為「自動化思考」。

　　雖然貝克博士是從焦慮症、憂鬱症個案身上觀察到自動化思考的現象，但後續學者發現，其實在一般人身上也常會見到類似的思考模式，只不過沒有像患病者那麼嚴重罷了。也因此，我才會將之稱為標準的「和自己過不去」——若是連自己都沒辦法「放過」自己了，怎麼有辦法真正做到放過「別人」（外界）？即使勉強做到，要不就是無法持續，要不就是造成「內傷」。因此，以下我會為大家說明幾種常見的「自動化思考」，因為唯有先「知道」問題在哪裡，才能「寬廣」自己的心胸，並且進一步帶來「改變」，

加以「解決」。

擴大解釋、過度類化 (overgeneralization)

基於極少數的例子，就做出廣泛而全面性的推論。最普遍的狀況就是，不合理的推論曾經發生在自己身上的一件事，將來必定會一次又一次的發生，尤其是針對負面事件。

常見範例

被指導教授指正論文的一項缺失以後，就認定「連這麼簡單的部分也寫不好，我一定完成不了論文、畢不了業」。和男友吵架以後摔手機，事後感到後悔時就認定「我的脾氣真是糟糕，我真是個一無是處的女孩子」。

親身經驗一

每次和老婆出門時，她總會遇到好事（多找錢、多送東西），而我則常遇到壞事（少找錢、點的餐忘了做）。於是，每次出門時我不禁會這麼想：「我就是這麼倒楣，今天不知道又要遇到什麼誇張事了！」如此一來，不免會影響出門時的興致。

親身經驗二

自從 2012 年在格陵蘭嚴重扭傷以後，每次我出門登山健行時，就忍不住會這麼想：「我遲早一定會再受傷一次。」因此，常會把自己搞得緊張兮兮，就像今天在熔岩堆中跳上跳下時，心中的「陰影」簡直快讓我喘不過氣，也難怪很快就因為精神緊繃造成「內耗」，走沒多久就感到疲憊無力了。

旅行筆記

　　沿著山腳走的這段路沒有大石頭，放眼望去只有黑沙、黃沙，因此想要把背包放下來休息可說是難上加難。

　　偏偏時間已過正午，早餐不但太早吃、分量又太少，熱量差不多已經消耗殆盡。還好我有先見之明，不但準備了王子麵、豆干、綜合堅果這些不需處理的即食品當作午餐，還聰明的在出發時就分裝了好幾小包，分別放在外套的幾個口袋中，因此可以邊走邊吃。至於水呢？當然得靠專業的 3 公升水袋，從背包中拉出塑膠吸管勾在背包肩帶上，以便隨時補充水分。

　　開心沒多久，我很快就發現一個大問題：剛才的第一段路只要一路向西、往山的方向前進即可，就算沒看到下一根立在地面的路標也無所謂，可是現在走的這第二段路就不是如此了。因為要繞著山走半圓 7 公里，所以並不是直線前進，必須依靠那塗上黃漆的木樁指引方向，才不至於誤入歧途而走偏。偏偏每隔 50 公尺左右就應該出現一次的木樁，卻常常會消失在視野中，理由包括：「掉漆」，使木樁融入周遭的黃黑色沙土背景色，形成完美的保護色；地勢起伏，必須在稍高處才看得到

下一根：木樁傾斜，甚至倒了，所以根本看不到！

　　我有數次找不到路標，在沙漠中焦急的原地轉圈望眼欲穿，有時還得先往回走到前一根，重新再確定一次方向。途中也曾見到一隻鳥類的屍體，已經化成白骨，看體型似乎是鷹、鷲之類的大型鳥，更令已經心驚膽戰的我益發恐懼。

　　突然聽到山頂傳來一陣轟隆隆的巨響，一大片烏雲籠罩在那兒。如果是下雨也就罷了，我最擔心的是山上還看得到許多未融的積雪，萬一是雪崩的聲音，那我可就沒地方逃，只能欲哭無淚、坐以待斃了⋯⋯常讀到「身處大自然中，才能了解自己的渺小」這句話，此時的我真是打從心底深刻體會到了！

　　結果才這麼一想，雨竟然無預警的就驟然降下，不但下得很密，每一顆也都大得嚇人，沒兩下全身就淋溼了！雖然備有防水外衣褲，但根本來不及一一穿上，只能先救最重要的背包（生計與安全都靠它了），幫它罩上防水套，自己則只套上外衣。更窩囊的是，因為雨實在太大了，打在臉上還會感覺痛，我只好先找了山邊有點高度差的小坡，整個人就呈「伏地挺身」姿勢趴著躲雨。雖然效果有限，但至少上半身能藉著背包、防水外套的帽子稍微擋些雨，總比站得直挺挺的全身被淋個徹底來得好一些。

　　邊淋著雨的同時，我感覺周遭氣溫降了好幾度，體溫隨之降低，心跟著也涼了半截：我怎麼會這麼倒楣？雨如果一直不停怎麼辦？我會不會失溫冷死在這裡？要不要搭起帳棚避雨過夜？心中不斷冒出一個個問號，腦中卻一片空白完全沒有答案。

　　唯一能確定的，就是我覺得很害怕，我真的很怕死，比起以往的任何時刻都還懼怕「死亡」這兩個字。我唯一能決定的，就是不想照原訂計畫走完這六天 150 公里路，明天走到第二個 hut 以後（如果走得到的話），我就要打道回府了。此時，離出發還不到 3 小時⋯⋯

對「自己」寬廣心胸——自動化思考（二）

以偏概全、斷章取義 (selective abstraction)

　　僅選擇整個事件中的某個細節（大多是負面內容），來當作下判斷、做決定的依據，而忽略其他更多的資訊，亦即「見樹不見林」。

常見範例

　　有兩個同學沒有來參加慶生會，就認定自己的人緣很差（卻忽略了其他二十八個同學都來幫自己慶祝）；報告得到 A+ 高分，只被指出一個小瑕疵，卻認為自己的表現很糟糕、不受肯定。

親身經驗一

　　踏出校門步入醫院工作以後，有不少醫師都曾面臨類似的困境，我也不例外：只要有一位個案外出遲歸或出了意外，就會開始懷疑自己是否判斷錯誤；若是個案出院或看完門診後自殺身亡，更會高度質疑自己是否做了錯誤的處置、沒資格成為醫師。固然高

標準的自我要求是這個行業必要的心態，但若是沒辦法適時從其他大多數成功的案例中得到自我肯定，就會很容易受挫、失去信心，甚至變得綁手綁腳，反而更容易犯錯。

親身經驗二

當我在黑沙漠中找不到下一根路標、失去方向，腦中跳出的第一個念頭往往是「完蛋了，我要迷路死在這裡了」。卻沒有想到，我不但帶著指南針，背包裡還有 GPS，萬一真沒辦法，大不了循原路走回出發點就行了！

妄下結論 (arbitrary inference)

沒有充足而相關的支持證據，就驟然做出錯誤的結論。以下是兩種典型範例：

常見範例一

· **讀心術**（mind reading）：很常發生在人際互動中，當你覺得某個朋友最近態度怪怪的，某天逛街時與他擦身而過，結果他沒有打招呼，你很容易在沒有任何直接證據的狀況下，就認定「我猜的果然沒錯，他連理都不理睬我了」。正是典型的「看到黑影就開槍」。

常見範例二

· **預知未來**（fortune teller error）：特別是針對負面事件的預期時，比方擔心另一半出軌，所以凡事神經兮兮、追問到底，這樣的態度讓對方喘不過氣，結果就「如你所願」投向別人的懷抱。此為典型的「自我實現預言」（self-fulfilling prophecy），或是我所謂的「壞事特別容易心想事成」。

親身經驗一

中學的我，搭公車時總會感到極度不自在，別人無意的一瞥，總會讓我立刻聯想到自己額頭上那顆青春痘，別人微微的一笑，也會被詮釋成是在取笑我長得那麼高卻駝背。

親身經驗二

　　正式展開健行前，其實我早已把（幾乎）所有可能遇上的意外都想過一遍，除了急救包與求生用具之外，連一大捲膠布、針線也帶上（怕帳棚被吹破、雨衣褲被刮破），也因此背包才會那麼沉重。結果，很快就「壞事心想事成」遇上大雨。當然，必要的準備確實不可或缺，但若是不斷妄下結論、自己嚇自己，輕則造成心神耗損，重則可能寸步難行，連行動也不敢了。

旅行筆記

　　維持醜陋可笑的趴姿躲雨，不知等了多久雨還是沒停，我心想總不能一直這樣下去，更擔心時間越晚氣溫越低，所以等雨勢稍微減小就重新上路。上半身因為及時穿上防水外套，所以「災情」尚在可接受的範圍，下半身則是從外褲到內褲全都溼透了，Gore-Tex 高統登山鞋也同樣失守（水不是從外面滲入，而是從下半身一路流到腳底）。如此一來，不只造成我最痛恨的渾身溼漉漉狀態，風一吹還會使體溫降低，只得加緊腳步，希望運動產生的熱量能驅走寒意。

　　突然發現眼前停著一輛吉普車，車後還架著一輛單車，該不會是我眼花看見幻覺吧？走近一看，車子旁還有兩塊指示立牌，這才恍然大悟，原來我已經走完第二段路，從山的東側走到西側了。這一側有較適合攀登的路徑，所以特別開了一條道路（勉強稱得上），供四輪驅動車直接開進來。否則如果想爬這座山，就得走我剛

才走的路（11 公里），上山、下山、再走回 Herðubreiðarlindir，一天也不見得能完成。

接著只剩下最後一段 7 公里路，很單純的一路向西走，就能抵達今天的目的地，我於是卸下背包打算好好休息。一方面，我很好奇這輛吉普車的主人是誰？什麼時候會從山上下來？另一方面，如果能等到車主下山，說不定還能放棄行程，直接搭便車回米湖！

邊吃著下午茶點心補充熱量，還沒等到車主，竟然從我來的方向出現四個人影！一聽到他們走近時交替以「Hi！」「Ola！」向我打招呼，再搭配體型、長相，很容易就推測出是來自西班牙。原來他們比我晚了 1 個多小時出發，等於是一路走在我後頭，沒想到這麼快就跟上了！我提到剛才遇上的那陣大雨（big rain），結果他們竟然回答：「Just a little rain!」再看他們都穿著短袖上衣，其中有三個還穿短褲，真的這麼不怕冷嗎？或者根本是我太虛了？

談了幾句話，我就發現自己的心境產生了微妙的變化：我一點也不害怕了！我要繼續走下去！因為他們也會繼續往前走到第一個 hut，明天也會和我走同樣的路到第二個 hut，這麼一來我就不用擔心迷路，或者死在半路了！不過緊接著伴隨而來的，卻是些微的失望與遺憾，因為本來是想要體會一個人在荒野中孤獨行走的感受，如今這苦心安排營造出來的氣氛，卻被他們徹底打破了！這樣的心境真是既複雜又矛盾啊！

當我還在邊休息邊胡思亂想，四人組（兩對大叔大嬸）竟然已經充電完畢，開始繼續往前進了。基於兩個理由我必須追上他們：首先，溺水者好不容易找到「四根稻草」，怎能容許他們又漂走了？看他們的氣勢與裝備，顯然是箇中高手，當然要緊緊跟上免得迷路。其次，今天預計入住的第一個 hut 只有 12 個床位，萬一他們比我先到，每個人分散開來各占據一個床位，我可能就沒辦法享有足夠的空間了！

心裡雖然這麼想，但身體卻不聽話，當我揹起少了幾百公克的背包（吃掉的食物及喝掉的水），卻覺得它反而沉重許多。是見鬼了嗎？稍微一想就解開謎題：原本因為緊張、害怕，腎上腺素拚命分泌，體能與精神都比平時提升不少。如今抓住稻草以後，精神一鬆懈，鬥志與意志力立刻萎靡不振，全身也跟著酸痛起來。

已經下午 3:00 了，不管多累還是得在 3 小時內走完最後這段路，否則氣溫就會開始降低，說不定還會再來一陣西北雨湊熱鬧。

對「自己」寬廣心胸——自動化思考（三）

言過其實 (magnification)

　　過度放大情境、事件中的「負向」層面，造成自信心受打擊，也可稱之為「災難化」（catastrophizing），或者「小事化大」（making a mountain out of a molehill）。

常見範例

　　每次考試都是全班第一名，難得一次跌到第二名，就覺得完蛋了、自己不夠用功、不再是個好學生了。在公司中，每次年度業績競賽都名列前茅參加表揚大會，難得一次無法光榮出席，就覺得是自己的大失敗、「一世英名毀於一旦」。

親身經驗一

　　國小六年級時，我曾得到全國朗讀比賽亞軍，後來甚至還「撈過界」參加了並不擅長的演講比賽。對於容易緊張的我來說，「事先背好稿子」的演講還勉強能應付，但是「即席演講」可就沒辦法了。沒想到，老師竟然讓我參加了幾次這樣的比賽，結果當然是慘

不忍睹，常常連前六名也排不上。起先我還真的因此而質疑自己，覺得自己實力很差，後來才明白老師早就發現我的「magnification」，因此刻意讓我接受幾次「打擊」，讓我有機會逐步改變思考模式。

親身經驗二

當我聽到西班牙四人組說出，讓我決定放棄健行的那陣大雨只是「little rain」，再看到他們休息沒多久立刻又健步如飛，我立刻就陷入「magnification」的思考模式，質疑自己怎麼那麼弱、那麼沒用，還敢來這裡丟人現眼、自尋死路。

妄自菲薄 (minimization)

相對於「言過其實」是過度放大情境、事件中「負向」層面，「妄自菲薄」則是過度看輕「正向」層面。在傳統儒家思想的薰陶下，國人特別容易出現這樣的自動化思考，尤以下列兩種人最為常見：

常見範例一

· 「**完美主義**」者：對於自己的好表現，總是將它們視為「理所當然」，說好聽是「自我要求高」，講得難聽點（卻很實在）則是「不懂得肯定自己」。

常見範例二

· 「**信心不足**」者：對於自己的好表現，總會認為是「運氣好」，並認定「下次就沒那麼好運了」，如此看輕、貶低自己，當然就會越來越沒信心。

親身經驗一

剛開始在門診看診時，每當有個案治療效果奇佳、狀況恢復良好，並且開心的表達感謝時，我總會不自在的謙虛一番（骨子裡則是沒自信），並且認為只是「剛好」給對藥，卻完全忽略了自己學習時的努力，以及對個案的關心，其實也扮演了重要的角色。

親身經驗二

　　在國內訓練時，我頂多負重 19 公斤，也從未走超過 15 公里（而且還是沒有起伏的柏油路），今天一口氣揹超過 22 公斤，又已經走了 11 公里高低起伏的路，還淋了一場大雨，其實已經很不容易了，但我卻將這樣的表現視為「理所當然」，完全忽略了自己的努力與付出。

旅行筆記

　　最後這段 7 公里路雖然是一路向西直線前進，但又是整片的黑色熔岩地形，無數大石塊堆疊在眼前，根本沒有所謂的「路」可以走。只能沿路找尋指標，想辦法手腳並用「爬」到下一個指標處，再搜尋下一個位於何方——這可一點也不誇張，高低起伏的大石塊不但落差很大（有時會超過一層樓高），而且邊緣都很鋒利，還好我早已備妥露出五指的滑雪手套，才能一一克服這些挑戰。

　　起初，我還能勉強和西班牙四人組保持一定的距離緊追在後，不過中途卻因為體力不繼，不得不靠在石堆上短暫休息了三次。四人組似乎都不用休息，眼看他們的身影越來越小、越來越模糊，我卻已經心有餘而力不足，只能目送他們消失在前方地平線上。

　　2 小時過後（傍晚 5:00），我終於看到前方遠處有棟迷你小木屋，孤零零的座落在山腳下，而四人組已經快要抵達了。頓時一股豪氣從胸口湧出，我立馬加速衝刺，想要完成不可能的任務（超越他們）。怎知從「看到」小木屋到「走到」小木屋，竟又花了我 40 分鐘！Askja Trail 的官方網路資料果然很正確：當人走在開闊空曠的黑沙漠中，由於周圍缺少可作為「視覺對比」的地標（高山、溪流、大樹），所以很常會出現「低估」距離的現象，往往用看的以為很近，實際走起來卻又是好幾公里路，很容易因此而迷路、脫力！

　　本已心灰意冷，認定床位已經都被占據，我只能撿他們剩下不要的，怎知四人竟都坐在門口露臺上，有的拍照、有的拉筋收功。既然如此我就不客氣囉！Hut 內以一條狹長的走道隔出左右兩區，右側有三張上下鋪共六個「格子」，每個格子內有兩個並肩的床位，左側則是烹調兼用餐的長桌。孤僻的我，想當然耳是選擇最內

側的下鋪，把需要用到的裝備統統拿出來，結果很快就把兩張床鋪擺滿了，反正還有十張空床，況且誰叫他們不先進來呢？

Hut 內有瓦斯爐及烹調用具，雖然只有冷凍乾燥食品可以吃，不過加熱過後搭配金門豬肉乾，飯後再來杯烏龍茶，以及香脆的蘋果，在荒野中算是滿豐盛的一餐了——沒錯，雖然背包已經夠重了，我還是不辭辛勞的帶了兩顆蘋果、四顆小柳橙，真是奢侈的享受！

烹調用的是自己辛苦揹來的水，但是清洗餐具與盥洗時，我可沒傻到浪費這些珍貴的資源。Hut 後方有四個大塑膠桶，從屋頂上收集雨水供住客使用，幸好下午剛下過一陣大雨，因此每個桶子都是滿的。當然烹調時也能用這裡的水，因為冰島的雨水理論上是最乾淨而無汙染的，但我擔心的不是雨水本身，而是屋頂、水管、桶子的清潔。

盥洗期間，領頭的西班牙人走進 hut 內東張西望，似乎是在找什麼東西。這幾次出國訓練而來的雞婆個性忍不住冒出來，一問之下原來是他們聽說住 hut 很貴，但是遍尋不著價目表，為了怕多花錢所以打算在 hut 外搭帳棚過一晚。我告訴他，等明天到下一個 hut 時問過管理員再付錢就可以了（註），但他們還是決定依照計畫。沒關係，這樣我更高興，可以獨享整棟 hut！

因為明天打算一早出發，臨睡前拿出手機設定鬧鐘，哇！不但有訊號，而且還滿格咧！太誇張了吧！撥了昂貴的國際電話給人在波蘭的老婆，名為報平安，實則只是想體驗一下，在這方圓數十公里都人跡罕見的曠野中講手機，究竟是什麼感覺？不禁又忿恨起那出場攪局的四個西班牙人，要是沒有他們，氣氛就更好了（完全忘記他們是拯救我信心的「稻草」）。

在床上躺平全身放鬆之後，才發現從頭頂到腳底，全身上下沒有一處不感到酸痛，雖然帶了酸痛噴劑與貼布，但是根本不知道該處理哪裡，只好全身亂噴一通，並且在肩膀、背部、腰部幾個「重點部位」貼上。

註：之前在網路上看過一則遊記，有兩個健行客走到這個 hut，其中一個打死都不住屋內，寧可冒著 10℃ 低溫在下著雨的戶外紮營。一問才知道原來他以為一定要自備零錢，將住宿費投入 hut 內的錢筒中（這確實是以前的規定），而他身上的零錢不夠，所以只好乖乖「遵守規矩」住外面。請問這位仁兄是哪一國人？應該不難猜，就是極度守法的德國人（職業又正好是老師）。

對「自己」寬廣心胸──自動化思考（四）

自我歸咎 (personalization)

雖然缺乏充分理由，卻將外在事件「牽拖」到自己身上，進而認為既然是自己造成的，就應該要負責。這在講求忍讓、謙卑的東方社會中也很常見。

常見範例

當全組報告分數不佳時，立刻想到「八成是我那部分資料準備得不齊全，才會被扣分」。老公今天菜吃得很少，立刻歸因於「一定是我今天煮得不好吃，不合他胃口」。

親身經驗一

和心愛的老婆互動時，每當她臉色不好看時，我第一個冒出的念頭往往是「我是不是做了什麼事惹她生氣了？我是不是不夠努力讓她開心？」結果卻因為這樣把自己也搞得不開心，進而互相影響彼此的心情，結果適得其反！

親身經驗二

其實當我發現西班牙四人組一直待在外頭不進 hut 時，我第一個想法就是「他們是否本來要住，但因為沒有預期到我這個外人出現，所以感到不自在，才會遲遲不肯進來？」即使後來得知他們是擔心費用太高，我還是立刻歸咎自己「如果我記得價格（出國前查過資料，印象中其實不貴），他們就不會誤以為收費很貴，也就不用在寒冷的戶外過夜了。」

了解這幾種常見的自動化思考以後，下一步該如何面對、克服它們？別急，還記得我提醒過的一句話嗎？了解是改變的第一步。建議讀者依照前面的說明，一一列出曾經發生在自己身上的自動化思考實例，如果真的想不出來，可以請身邊的親友協助指出。記錄完以後，先將它們丟到一邊不管，不過請不要撕掉、燒掉、回收掉，後面會請大家再把它拿出來做練習。

旅行筆記

半夜醒來兩次，發現酸痛竟然已經恢復超過一半，只能說：人體真是太神奇了！不過我旋即發現「重量」的威力：雙肩麻到極點，不管是捏、刺、捶都沒感覺。這樣也好，揹起沉重的背包不酸不痛，走起來應該會更輕鬆吧！

八成是因為昨晚太早睡，不到 4:00 就醒了，拉開窗簾一看天邊已有微光，便抓起相機往外跑。雖然太陽還沒出來，但溫度感覺起來並不會太冷，顯然天氣預報的準確度還是頗值得信賴。等沒多久，太陽就從東北方的山巒間冒出頭來（註一），而正東方的 Herðubreið 山頂則仍然籠罩在一片雲霧中，宛如頭頂著白色桂冠，果真是名副其實的「山中之后」。

花了快 1 小時吃早餐（與我平日的習慣相比算很久），盡可能大吃大喝吞下一堆食物。理由有二：今天的路程是更勝於昨日的 20 公里，不知道有沒有時間（與合適的地點）可以吃午餐，更不知道是否又會遇上一陣大雨，所以先儲備足夠的能量，此為其一；不只距離長，地勢也不會比昨天好走，重量能減輕多少是多少，此為其二。

出發前，除了解決令我困擾的生理問題（註二），我特地在留言本內自豪的寫下「來自臺灣的第一人」這段宣言（I think I am the first Taiwanese to come to this hut.），心裡想的卻是：該不會「後無來者」吧？看看此時分明是旅遊旺季，卻連外國遊客都很罕見，或許還真有可能呢！

6:00 一過就整裝出發，西班牙四人組的兩頂帳棚就立在 hut 外幾公尺處，看起來還沒有絲毫動靜。雖然今天的路線是一路往正南前進，應該不可能迷路，但只要心裡想著後頭有他們「押陣」，不管有什麼「意外」發生，總是會踏實安心許多。

黃色路標從 hut 往西邊的小山丘延伸，腦中雖然冒出問號（因為明明是往南才對），但心想或許是先往西到較平緩的區域、再轉為往南前進，所以也就跟著走了。經過幾個路標後，卻發現走到山腳下就沒有下一個了，看到山壁上的大片雪冰，想了一會兒才恍然大悟：原來這是引導前來「取水」的路線，而非往南的步道。因為在沒有降雨的日子裡，hut 外的水桶無法從屋頂收集雨水，健行客唯一的水源，就是這座山邊終年未融的積雪了。

走回 hut 往另一側尋找，發現果然往南也有一排黃色路標，這才是正確的健行路線。只不過這短暫的「誤入歧途」，竟然就花了我寶貴的半小時！

註一：身處北半球，隨著緯度越高，日出方位會越來越偏離東方而往北方偏。到了北極圈以內，夏至時的日出甚至會接近正北方。

註二：由於沒有水，所以沙漠中的廁所都是「乾式」，簡單說就是在地上挖一個好幾公尺深的大坑洞，上面裝著馬桶。雖然因為氣候乾冷，所以不會有蚊蠅滋生或太過強烈的異味，但如廁時若是眼睛往下亂瞄，會看到什麼應該不用多做說明了吧？對於有潔癖的我而言，光是想到「萬一有什麼隨身物品掉下去」這個念頭，雞皮疙瘩就爬滿了全身。

對「外界」寬廣心胸──整合理論

　　談完幾種常見的「自動化思考」，了解人之所以無法「放過自己」的原因後，接著會討論如何學習「放過別人」（外界）。想必讀者會有這樣的疑惑：都還沒談到如何放過自己，怎麼就跳到「更困難」的放過別人？前面不是才說過，了解原因之後，還得學習寬廣自己的心胸，並且進一步帶來「改變」，加以「解決」嗎？理由在於，接下來要討論的重點，不僅是「放過別人」的關鍵，其實運用到「放過自己」也同樣適用！

　　「整合理論」（Integral theory）是由當代思想家肯恩威爾伯（Ken Wilber）所提出的重要概念，已經被廣泛運用在許多領域：小自身心健康、職涯規劃、人際互動、靈性發展等個人範疇，大至政治、經濟、醫療、宗教、環保等集體範疇。

　　整合理論的關鍵角色，是提供一個「全面、整體看待人事物」的「架構與方法」。它的重要性（註），則在於能夠協助我們學會以「客觀、謙卑、包容」的心態對待「自己與他人」──這不就是我們正在討論的重點？透過對整合理論的了解，將讓我們以更寬廣的心胸看待自己與外界，如此一來也才能夠「放過自己」、「放過別人」。

　　以下依序說明整合理論的五大基本要素：狀態（States）、位階（Levels）、面向（Lines）、類型（Types）、象限（Quadrants）。為方便讀者了解，我會以實例說明如何將之運用到自己與外界。首先是「狀態」（States）這個最難理解的要素，它主要著眼於

探討「個人」的「意識狀態」。

常見範例

· **「冥想」與「禪修」（英文可以翻成** meditation）：這已經不再是東方人的「自吹自擂」，也不只被運用於「宗教」領域。近十多年來，歐美醫學界、心理學界進行了大量研究，證實這些長久以來被認定為「不科學」的方法，不但對情緒、心智等「抽象」範疇有助益，甚至還確認了它們對大腦構造、神經元連結等「具體」範疇也有正面影響。最常被科學家採用的「正念冥想」（Mindfulness meditation）等自我訓練方式，所牽涉的作用機轉，正是透過個人「意識狀態」的改變、調整而帶來效果。

此外，進行慢跑、游泳等有氧運動時產生的「欣快感」（euphoria），從事自己喜歡的嗜好、興趣時，完全投入其中而對周遭聲響渾然不覺，達到性高潮感覺腦中一片空白、時間暫停，處於以上這些狀態時，意識狀態也會與平日截然不同。

冰島範例

· **「酒精的威力」**：除了前者這類「正面範例」之外，狀態這個要素當然也有「負面範例」，冰島的「酒精政策」就是最好的例子。想要見識不一樣的冰島人嗎？只要在周末夜晚到雷克雅維克餐館、酒吧林立的舊城區，絕對能大開眼界。平日看慣了內斂、拘謹、酷勁十足的冰島人，第一次親眼目睹還真是難以適應，而隔天清晨一早出門（掃

街車還沒出動時），滿街骯髒混亂、便利商店站滿彪型大漢擔任店員的景象，也著實令人感到「震撼」。

酒精對人類意識狀態的影響之大（尤其是「負面」的），只要看看諸多社會新聞與自己周遭的案例，應該就很清楚了。而「酒」這個物品，多年來更把冰島政府搞得暈頭轉向──1988 年以前全面禁止低濃度酒精（主要指啤酒，因此只能買賣葡萄酒、威士忌等烈酒），後來雖然全面開放，但是為了酒吧可以營業到幾點，前後又修改了好幾次法令（遊客、酒客希望通宵，周邊住戶則希望越早打烊越好）。

親身經驗

· 「起床氣」：意識狀態最粗淺的分類就是「清醒」與「熟睡」，而在兩者「交替」之際，常會產生許多精神、情緒方面的特殊狀況，「鬼壓床」就是最常聽到的例子。而對於重眠的我來說，「起床氣」就是每天過得如何的「重要指標」。只要睡得神清氣爽，就能心情大好，整天也會運作得很順利，萬一睡眠不足，身邊的人可就遭殃了──不過如果老婆遭殃，很快就會變成我跟著遭殃……總之，整合理論中的狀態這個要素，與我們每天的生活息息相關。

註：整合理論的另一個重要角色，則是在當今資訊氾濫的時代，為我們提供一個將眾多訊息（外在）與個人經驗（內在）置於其中的「架構」。因為空有資訊，若沒有完整的架構將之分類、歸納，則不但無法帶來助益，反而容易造成困惑，甚至傷害。不管是聽信偏方導致癌症惡化、病逝，或者誤信神棍遭到騙財、騙色，都是很好的例子！

旅行筆記

回歸「正道」以後，第一段路是沒什麼起伏的熔岩地形，走起來輕鬆愜意，還有閒暇注意到路旁一隻罕見的鳥類，有點像 2012 年在「峽谷之旅」見到的那隻。這次因為行程安排之故，無法回 Vik 探望幾位老朋友，心中不免感到些許失落。回到米湖時，還是寄張明信片問候吧！

天氣看起來不錯，雖然滿天烏雲，但是有陽光從縫隙中透出，溫度也適中。走沒多久，烏雲都散去了，我不但能「自拍」落在地面上自己的影子，連外套也熱得脫下來，只穿著一件長袖運動內衣──和當地人穿得一樣少，感覺滿自豪的，還連帶冒出一個想法：要不要收回昨天的決定，試著把這六天走完？不過僅止於想想，很快就打消這個離譜的念頭。

好日子過沒多久，很快就遇上和昨天類似的熔岩地形，只不過這一區看起來「威力」更強，不但高低起伏更大，面積似乎也更廣（依照冰島「健行寶典」所提供的資訊）。好幾次我都必須手腳並用，才有辦法爬上超過 2、3 公尺的大石頭，不過揹

著 20 公斤重量從這樣的高度往下跳，才真是令人膽戰心驚。

然而，這都遠遠比不上正好走到熔岩堆中，四周被高達兩層樓的巨岩所環繞，怎麼也看不到下一根路標，來得讓我感到恐懼。雖說現在有陽光可以定位，但是在冰島黑沙漠中健行，只要差之毫厘就可能造成失之千里的慘劇，所以我還是趕緊拿出救命仙丹 SPOT，確認它是否正常運作。

SPOT 的全名是 SPOT Satellite Messenger，一臺長 9.4 公分、寬 6.6 公分、厚 2.5 公分，重量僅 147.4 公克的小巧機器。主要功能是透過衛星定位紀錄行經路線，以及傳送事先設定好的簡訊內容到手機、E-mail、Facebook 報平安。最重要的功能，則是在緊急狀況下按壓求救鍵，傳送求救訊號給最近的警消機關或搜救隊，而且幾乎是全球適用。由於它並不具備通話功能，所以價格便宜，再加上攜帶方便，因此成為國際登山健行客必備的器材，重要性甚至還更勝 GPS——就算知道自己的位置，如果身在沒有手機訊號的荒野還是沒轍（除非同時帶著又貴又重的衛星電話）。

早在一年多前計畫這次冒險時，我就透過網路訂購了這臺救命寶貝，也試用過幾次。出國前已經通知親朋好友，並在 Facebook 粉絲頁上公布健行時的「行經路線追蹤網址」，只要連結過去，就能即時藉由 Google Map 看到我的位置。如果發現我連續好幾個小時沒有移動，也沒有傳送「安全」的訊息，表示我在該處發生意外，意思就是得趕緊通知當地救災單位了。

理論上看起來應該是萬無一失的計畫，卻有一個最大的問題：「收訊」。當雲層太厚，或者頭上剛好沒有衛星經過時，就會出現斷訊的狀況，當然也就沒辦法發揮任何功能。好在此時以上情形都沒有發生。

或許是經過昨天的鍛鍊，讓我的「精神力」提高不少，還有心情在這種狀況下「苦中作樂」，見到路旁未融的小冰層時，用登山杖尖端在上頭畫圖留念。至於畫的是什麼圖？詳情不便透露，反正是我和老婆綽號的「代表標誌」，別人看不懂。

就這樣，我一路走出這段艱困的區域。

整合理論──位階

「位階」（Levels）是整合理論中最容易被誤解的要素，尤其容易被指責為「搞階級對立」。然而不可否認的，無論是個人或群體，原本就必然會有「發展」的過程，而非「一步到位」直接跳到最高階層。

常見範例

・**個人**：幼兒時期凡事以「自己」想要的為主，不太會顧及他人的需要，隨著年紀增加，會逐漸把注意力放到身邊親近的人身上，開始在意起「他人」。馬斯洛的「需求層次理論」（Need-hierarchy theory）也指出：人一定要先滿足最低位階，卻也最基本的「生理」需求，才能接著追求「安全」需求，進而依序追求「感情」、「尊重」、「自我實現」等較高階的需求。以上兩者都是典型的位階發展過程，關鍵就在於：位階低的並不表示就比較不重要，位階高的也不代表就比較了不起，而是每個位階分別在不同時間點，各自扮演了重要的角色。

・**群體**：最古老的群體，只在乎自己「宗族」與「部落」的利益，隨著心智、靈性的發展，逐漸將在乎的對象拓展到「城邦」，接著是「國家」，最後擴及到在乎「全人類」

的利益。當人民連生存都很困難了，提醒他們溫室效應、要求他們做環保，顯然是不合情理的苛求。但是當達到一定程度的生活水準，要求人民盡社會責任、共同分擔環保重任，就有其必要性與合理性了。同樣的，處於位階較低並不表示錯誤、不應該，而是發展的必經過程。因此，當自己已經達到較高位階時，對仍處於較低位階者加以抨擊、攻訐，就顯得極為不負責任（註）。

冰島範例

在我前往冰島之際，史諾登（Edward Snowden）的新聞正在國際上鬧得沸沸揚揚，而美軍下士曼寧也正接受叛國罪審判。每當媒體討論到他們，往往會順道提起冰島，因為兩人與亞桑傑（Julian Paul Assange）、維基解密（WikiLeaks）有著密不可分的關係，而冰島在這些事件中都曾扮演過重要角色。這與「位階」究竟有何關聯？

根據社會心理學家 Don E. Beck 的研究，歐洲民眾處於較高「靈性位階」者，相較美國及其他亞洲、非洲國家比例高了許多。用前文提過的「群體」發展過程來說明，由低而高的四個位階中：自我中心（Egocentric）、民族種族中心（Ethnocentric）、世界主義中心（Worldcentric）、宇宙萬物一體（Kosmocentric），歐洲人處於較高位階的比例較高。如果要用更容易理解的話來說明，可以將它簡化為「心胸較為開闊者」的比例較高。正因為如此，歐洲民眾對於同志、死刑、環保、網路、人權等現今仍處於兩難困境的議題，偏向採取較為包容、理解的態度去面對，其中尤以北歐國家為最。

早在 1996 年，冰島就立法允許締結同性伴侶關係，更享有多項與異性夫妻相同的法律權利，冰島前任總理 Jóhanna Sigurðardóttir（女性）不但是全世界首位公開自己同志身分的國家領導人，更曾與總理夫人一起出國參訪（並正式以「第一夫人」的身分受到接

待）。而向來自詡為「全世界網路自由度最高國家」的冰島，對網路自由的維護更是不遺餘力，也因此在前述事件的處理上，屢屢與美國發生意見相左的情形。

然而冰島與美國之間的糾葛並非只有這麼單純，多年來「愛恨情仇」的精采戲碼持續上演，後續會有進一步說明。

親身經驗

一位宗教家曾這麼說過：「行善是一件利己的自私行為。」雖然乍看之下有些難以理解，但對此我感同身受。還記得第一章曾提過，我在當兵及擔任住院醫師期間，曾先後陷入憂鬱狀態，當時的我只能靠「硬撐」與「吃藥」來面對困境，直到離開醫院自行開業後，我才發現另一個更好的因應方式：「助人」。我更進一步理解到，過去之所以會感到如此憂鬱的其中一個原因，其實也不脫「位階」的概念。

因為，當一個人滿足了生理、安全等基本需求後，若沒有如馬斯洛所提醒的，進一步滿足自己更高位階的需求，則很容易陷入空虛、失去目標的狀態。而科學家早已透過眾多研究證實，慈善、助人這類行為不但是人類的本性，更攸關一個人是否能感受到喜悅與意義。也難怪，精神科醫師常會提醒憂鬱症患者：試著學習「幫助他人」，即使只是微不足道的小事（連捐款、當志工都還不必），往往就能體驗到超乎想像的效果。

註：請上網搜尋「京都議定書」的相關報導，檢視會議過程中幾個先進大國的嘴臉與態度，就能充分了解這句話的意思了。

旅行筆記

根據事先研究過的資料，接下來這段路會平緩許多，沒有什麼特別需要留意的，最大的挑戰或許就是「無聊」吧！因為 10 公里左右的路程，將會行走在一望無際的沙漠中，差別只在於腳下踩的是黃沙或黑沙，以及身邊出現的是黃色或黑色小山丘。

說到這兒，就得回頭談談當初我究竟為何會選擇此地健行的兩個原因：「Solitude」，意思是「孤寂」；另一個理由，則是我想藉由接受挑戰，克服長久以來對「死亡」的恐懼。

如前文所提，我從小就是個孤僻、不合群的人，在經過這幾年老婆有意無意的「訓練」之後，對罕有人跡的大自然產生越發濃厚的興趣，也才會先後來到冰島四次，2012 年甚至選擇更少人出沒的格陵蘭自助旅行。不過，先前造訪的地點都沒有 Askja Trail 來得更加徹底「孤寂」——昨天和今天的路段已經算是較熱門了，結果也只遇到西班牙四人組，第三天後半段路到第六天，則是更少人會前往，就算三天三夜遇不到任何「動物」（不只是「人類」），也是毫不奇怪的普遍經驗。

雖然向來對自己享受孤寂、自處自娛的「能耐」很有信心，但我還是很想知道，身處在這樣的環境中，我的心境究竟會產生怎麼樣的變化？常讓我苦思不得其解的一些人生難題，又是否會靈光一現迸出解答？更令我好奇的則是，幾位曾獨自行走於黑沙漠的健行者都表示過：連續幾天在這樣的環境中獨處，很容易產生「彷彿看到人」的錯覺，這到底是什麼感覺？是興奮、恐懼，或者根本無感？

完全料想不到，昨天那陣大雨已經把我的雄心壯志澆熄大半，走在這綿延 10 公里的沙土路上，又將剩下的另一半閒情逸致也熄滅了——雖然背包重量已經在我努力的大吃大喝下減少到 20 公斤以內，但依然稱不上輕鬆，維持「走下去」的意志力已經相當不容易了，更別提想要思考人生大道理（我甚至還帶著圖畫紙與色鉛筆打算素描）。

花了 3 個多小時走完無止盡的熔岩平原，沿途經過不知幾座大大小小、造型互異的山丘，見到的生物只有苔蘚。僅在往東方看去時，間斷出現於視野中、熟悉的山之后 Herðubreið，為我提供了一絲支持與慰藉。不過我倒是找到一個打發時間的好方法：扮演「好心人」的角色，扶起好幾根傾倒在地上的路標，以免後續經過的健行者迷失方向。

途中我也「不小心」發現，路旁竟然有行動電話基地臺（運用太陽能板提供電力）！也就是說，雖然方圓 100 平方公里的範圍內極可能只有我一個人，但我卻能打手機聯絡到全世界無數人！感到安心之餘（就算需要求救也完全不用擔心），不免伴隨些許惆悵——想要感受徹底的「Solitude」，還真是不容易啊！

轉眼間已經是正午時分，今天的午餐依然是堅果、肉乾、清水，依舊是短暫休息就繼續趕最後一段路。

整合理論——面向

　　整合理論的第三個要素是「面向」（Lines），同樣可以從個人與群體兩方面來說明。簡單來說，它的概念就是：不論看待「一個人」，或者考慮「一件事」，都要從宏觀、全面的角度切入，應該避免偏頗、片面的心態。

常見範例

　　·個人：德、智、體、群、美五育發展不可能完全一樣好（或一樣差），有人這項高、有人那項高。IQ（Intelligence Quotient，智力商數）高的人不一定 EQ（Emotion intelligence Quotient，情緒智力商數）高，EQ 高的人不一定 SQ（Social intelligence Quotient，社會智力商數）高。高學歷者不一定談吐文雅，文盲不見得言語粗魯，貪官或許在日常生活中很環保，清官或許從來不做垃圾分類。結論就是：沒有絕對、完全的「好人」，也不可能有徹底、全然的「壞人」。

　　·群體：常捐款做慈善的大企業不見得不會排廢水，照顧員工的公司不表示產品一定沒問題。民主國家不見得每項政策都是對的、好的，共產專制國家也不一定每個作為都是錯的、邪惡的。德國人很守法，但鄰居間的關係卻也極度緊繃；日本人很有公德心，

但搭乘大眾運輸工具卻很少會讓座;美國人很尊重個人自主,但人際疏離卻也是不爭的事實。

冰島範例

身為 2008 年金融海嘯的始作俑者,為什麼在短短幾年內能夠從 GDP 成長率 - 6.6%,進步到 2011 年的 2.7%、2012 年的 1.4%,失業率從 9% 降到 6% 以下(在歐洲名列前矛),其原因也能從「面向」的概念加以說明。

冰島之所以會破產,最大原因乃是太過著重於「金融」此一面向的發展,將雞蛋放在同一個籃子裡的策略,在經濟蓬勃發展之際固然能迅速累積資產,但是在發生問題時卻也很容易一無所有。破產後政府很快意識到,包括漁產、觀光、服務等產業,不但是冰島固有的優勢,更能扮演分散風險的角色。在這樣「多面向」而不偏頗的努力下,也才能使經濟在短時間內重新站起來。

不過,雖然 2012 年國際觀光客人次還不到 70 萬人,卻已經有學者與政府官員提出警訊:觀光客數目已經過多,可能對環境與生態造成不利影響,建議進行人數控管。如

何考量不同「面向」的正反面影響，如何做出最合理而可行的選擇，很難用三言兩語說清楚，在此僅提供以下數據供讀者參考：冰島面積是臺灣的三倍，臺灣 2012 年國際觀光客人次是 731 萬人。

親身經驗

坦白說，我曾經是個嫉惡如仇、憤世嫉俗的熱血青年。騎車在路上看到紅燈右轉、亂按喇叭的車輛，就會忍不住想衝上前去擋車、理論。於學校、部隊、職場等環境中，更是每每在目睹我認定為「不公不義」、無法接受的言行舉止後，就對那些人產生強烈的厭惡感及敵意。長久下來的結果，讓我每天只要出過門，就會裝著滿肚子氣回家，不但自己不好過，外在狀況也不會有任何轉變。

然而在接觸整合理論之後，我學著不再只是從片面的角度看待人事物，學習從不同「面向」與角度切入。如此一來，才有辦法慢慢讓自己心平氣和的面對外界，也才有餘力與心思去努力改變這個世界。

當我走上長滿苔蘚的小山丘，開始今天最後一段 5 公里路程，這才發現東方的 Herðubreið 已經消失在視野中，完全被起伏的山丘所遮掩。在心中默默向陪伴了我兩天的「她」道別，卻不免還是感到有些悵然，畢竟她可是我在這廣闊的沙漠中，唯一「認識」的新朋友啊！

途中，當我見到天邊飄來一大片烏雲，立刻就緊張兮兮的穿上雨衣、罩上背包套，深怕昨天的慘劇重演，結果當然又是做白工，連一滴雨也沒飄下來。這樣的場景，似乎已經成為我每次到冰島時，一定會反覆發生的「宿命」了。

1 個多小時以後，我再次找不到路標──不知重複了第幾次的相似場景，讓我幾乎已經麻痺，再加上很確定已經離目的地不遠，所以一點也不緊張，只是有些懊惱。往回走到前幾根路標，再三確認是否有岔路，但來回看了幾次還是沒有頭緒，索性先隨便找個地方坐下。

突然發現正前方有滾滾黃沙，還一路往西方移動，定睛一看竟是輛吉普車呼嘯而過（只是距離太遠聽不到聲音）！想了片刻才理解，原來健行路徑到這裡就接回車道，只要跟著路走就能抵達下一個 hut，也難怪不需要再立指標了。

這段路雖然只有區區 1.5 公里，走起來卻一點也不輕鬆，原因不是地形，而是「空氣汙染」。話說這荒郊野地怎會有汙染？原因在於車道是天然沙土路，只要有車輛經過，就必定會隨之捲起一陣黃沙。不過據說在下雨天時，整條路泥水橫流，會更令人欲哭無淚，這麼一想心裡就平衡多了。再說，每一輛行經我身旁的車，幾乎毫無例外都會搖下車窗向我揮手、豎拇指（因為看到那個大背包就知道我是健行客），大大滿足了我的虛榮心，讓已經走超過 20 公里的我雖然感到很疲憊，卻更加不好意思停下來休息。

「目視距離」在沙漠中果然是極度不可信賴的，從我在地平線上看到幾棟小木屋，到走近「Drekagil」的地名標示牌，已經是將近半小時以後的事了。不過在正式踏進露營區的範圍前，還有兩條「護城河」需要通過。

若是剛下過雨，強勁的水流會夾雜汙泥漲到小腿高，就需要小心翼翼的涉水而過。不過今天風和日麗，因此這兩條河就像兒歌所唱的：「我家門前有小河，後面有山坡」，那樣的清澈、平和，不但水很淺，還有前人體貼的擺了幾顆大石塊當作踏腳石。我腳步輕盈的通過第一條小河，蹦蹦跳跳過第二條小河，迫不及待的想趕緊抵達。就在踏上河岸的一瞬間，猛地往前一趴跌了個狗吃屎（別忘記我背上有將近 20 公斤的重量壓著）。

本次大冒險的第一度掛彩、第一次扭傷，還好是發生在這個時刻。

整合理論——類型

　　整合理論的第四個要素「類型」（Types），在個人方面會討論到的是「先天差異」，在群體方面則是「習俗、傳統」。和上一個要素的差別，在於「面向」針對的是會有高低之別、可以進步的特質，而「類型」則是中性、沒有好壞對錯之分的：「個人」方面如男性與女性特質、內向與外向等人格特質；「群體」方面如嚴肅與隨性的互動模式、一板一眼與彈性自由的工作型態。

常見範例

　　2013 年底來自賓州大學的最新研究，為「男女有別」這個爭論了幾百年的議題，提供一個值得深入探討的佐證。過去這方面的研究大多是基於觀察「外在行為表現」，該研究則是透過最先進的 DTI（Diffusion Tensor Imaging）影像技術，清楚觀察到腦中的神經纖維如何連結，進而了解不同性別的「強項」何在——男性主要是「同一個」大腦半球（hemisphere）中的神經纖維連結，女性則以左右大腦半球「之間」的神經纖維互相連結為主。也因此，才會呈現出過去科學家所發現的：男性的感知協調（perception and coordinated action）較佳，女性的注意力與社會認知較佳等現象。

　　必須再次鄭重強調的是，這樣的差異並沒有優劣之分，「人格特質」也是類似的概念：沒有所謂「對」的、「好」的特質。大而化之固然煩惱會比較少，但如果沒有敏感纖細的人，很多粗枝大葉造成的錯誤恐怕難以被察覺、訂正；樂天知命雖然看似很幸福，但如果缺乏杞人憂天的人，許多可以避免的危機與意外則很容易被忽略；與世無爭、缺乏鬥志看似沒出息，但如果社會上滿是力爭上游、汲汲營營的人，顯然也不是件好事。癥結並不在孰勝孰敗，而在如何「認清」自己的特質，並以正確的「心態」去看待，且選擇較適合的「場域」去發揮。

冰島範例

　　在冰島，近年來很常引發不同立場人士爭論的議題是「捕鯨」——它不但是流傳了幾百年的「傳統文化」，在過去更扮演了補充人體營養的重要角色（註）。然而，隨著鯨魚數目減少、環保意識抬頭，加上農業、醫學進步，有其他管道可以取代鯨魚肉提供的養分，獵捕的鯨魚絕大多數反而是外銷到日本，因此這個傳統的角色就益發顯得尷尬而不合時宜了。

在我 2012 年曾造訪的格陵蘭，類似的議題也常被提出討論（包括捕鯨、獵海豹，並將牠們當作餐點）。差別在於當地居民只有區區 56,000 人，「消耗」的數目不可能太多，所以只需明定每年可以獵捕的數量，就能達到兼顧傳統文化與動物保育的目的。

這類的「culture shock」還有很多，是群體方面最常被提出用以解釋「類型」的例子。與「個人特質」中所提到的概念相同：這樣的差異並沒有「對錯」、「優劣」之分，只是因著不同的時空背景轉變，所做出不同的行動「抉擇」。

關於人類與所食用動物之間的關係（為什麼要譴責吃狗肉？不也有某些國家禁止吃豬肉、吃牛肉），有興趣進一步了解的讀者可參考這本書：《為什麼狗是寵物？豬是食物？：人類與動物之間的道德難題》（遠足文化 2012 出版）。

親身經驗

關於「楷模」、「榜樣」這些議題，在我成長與工作過程中曾有幾次深刻體會，「畫虎不成反類犬」是我最大的感觸，卻也是最大的收穫來源。深究其中的原因，其實同樣不出「類型」的概念——明知自己是個內向的人，就得避免需要許多交際應酬的工作環境；明知自己喜歡過單純生活，就不要試圖在職場中「玩」政治；明知自己沒有什麼雄心壯志，就不需要太過在意升遷管道是否順暢。

或許有讀者會問：難道只要了解、確認了自己的個人特質，就表示一定得順從、屈服，而不需要做出任何改變、挑戰的努力嗎？這個問題很重要，下一章會有深入探討。

註：因為冰島的氣候與地形難以栽種蔬菜，加上氣候嚴苛、日照時間不足，兩者都會造成體內必要維生素的缺乏。

旅行筆記

跌了個狗吃屎之後，我全身衣物沾上的塵土，比走了 22 公里、8 小時還來得多，想要帥氣的成為今天第一個靠雙腳走進 Drekagil 營地的美夢就此落空，只能灰頭土臉、一拐一拐的踏入管理員小屋。

本來已經預訂了小木屋內的床位，但是因為決定不再繼續後面幾天的健行，就表示沒機會在荒野中露營了，於是我臨時更改計畫，打算今、明兩天都在這裡紮營以作為彌補。向工作人員表示要付昨天的住宿費用時（註），他問我 hut 的水況如何？

我篤定的告訴他：「All the four bottles are full.」（四個水桶都是滿的），心裡對於自己竟然能「發揮功能」感到很驕傲。

這個露營區的方位坐西朝東，背靠山丘，前方則是一望無際的平原，遠至20公里外的老朋友 Herðubreið 都在視線可及的範圍內！我找了一個最角落的區域當作基地，開始進行艱難的紮營工作。何謂「艱難」？從買到這頂帳棚至今，我只在家裡搭過一次，從未在戶外練習過，這麼一來造成兩大問題：

首先，我連最基本的組裝都不熟練。雖然現今的帳棚拆裝都很方便，用「傻瓜帳棚」來形容一點也不為過，但再怎麼說還是有一定「門檻」的。

其次，室內與戶外的最大差別就在「風」。在室內搭設時，只要把所有的零件都擺在地上，看著說明書一一組裝起來就大功告成，在戶外如果打算如法炮製，標榜「超堅固、超輕量」的丹麥國寶 Hilleberg 帳棚就會讓你「很忙」──忙著撿回被風吹走的配備。偏偏位於冰島內陸的這塊 Highland 區域，向來就是以「風大」著稱，如果依照咱們人事行政局的標準，這裡差不多一年365天都能停班停課。

我就這樣手忙腳亂的邊壓、邊撿、邊組，花了好一番功夫才順利「入住」。把所有裝備都搬進帳棚後，才發現忽略了一件事：沒有先把地面的小石塊往旁邊撥，造成坐在帳棚內時，怎麼移動座位都是又刺又顛。不過十幾根營釘都已經就定位，我實在沒有餘力把它們全部拔起、移動帳棚、再一一釘回去，所以也就認命了。

在帳棚內煮了兩包王子麵加一顆鐵蛋，簡單的料理在經過長途跋涉後，帶來的身心滿足卻是難以估量的。附帶一提，「理論上」在帳棚內是不應該生火烹調的，但是在冰島的嚴酷氣候中（低溫與大風），絕大多數露營者都會選擇性忽略這個重要原則。

吃得全身熱呼呼以後，接下來的任務是把全身洗得熱呼呼。雖然在冰島的氣候下健行，就算三天三夜不洗澡也不太會發臭（包括身體與衣物），但對於已經將近48小時沒有洗澡的我來說，已經差不多到達忍耐極限了。

註：Askja Trail 沿途的五個 hut，只有第一個（出發點那一個）和第三個（今天這一個）有管理員，其他三個因為地處偏遠，所以一切自理，包括住宿費也一樣。至於如果繼續走到第四、第五個 hut 該如何付費（因為走完就直接離開步道範圍了）？是否應該在這裡預先付款？就依個人良心決定了。

整合理論——象限

　　熟悉整合理論的前四個要素以後，再將它們結合到第五個要素「象限」（Quadrants），就能運用到自己身上（個人），以及周遭人事物（群體）。這麼做的最大好處，是學會「全面而整體」的看待自己與外界，打破固有的僵化思考模式與觀念，進而寬廣自己的心胸。

　　·左上象限：代表「個人」的「內在」面向，指的是個性、人格、智力、道德觀、靈性領悟等「內在特質」，特點是主觀、抽象、難以量化，只能透過間接觀察。

　　·右上象限：代表「個人」的「外在」面向，包括言語、行為、動作等個人特質的「外顯表現」，以及人體各部分的生理狀態等「外在特質」，特點是客觀、具體、可以量化，能直接觀察與測量。

　　·左下象限：代表「群體」的「內在」面向，常以宗旨、價值觀、潛規則、文化、世界觀來稱呼。

　　·右下象限：代表「群體」的「外在」面向，團體規範、法條法規、社會系統、國家政策都包含於此象限。

常見範例

運用到個人方面,「運動與健康」是最好的例子。運動對生理、心理的好處早已成為常識,近年來的研究更進一步發現,運動能預防及減緩失智症,也能延長壽命。不過,我們究竟該選擇哪種運動?從「象限」的角度來考慮:

· **左上象限**:每個人的個性不同,原本就喜歡往戶外跑的人,運動選擇自然會比較多,而個性較「宅」的人則可先選擇在室內進行的運動,建立運動習慣以後再調整、增加種類。若是一開始就違背自己的個性,持續力肯定會大受影響。

· **右上象限**:每個人的生理狀況不同,沒有哪種運動是人人都適合的。慢跑固然廣受推崇,但有不少人跑沒幾年就接連發生膝關節耗損、下背傷等問題;瑜伽雖然相對和緩,但做到脊椎出問題的也時有所聞。了解自己的身體狀況,選擇適當的運動類型與進行時間,就是基於本象限做出的考量。

· **左下象限**:在我年紀還小的時候,社會大眾對撞球的觀感普遍不佳,在當時如果硬是要從事這項運動,就得有被長輩責罵的心理準備。高爾夫球雖然是國際級的正式競賽項目,但仍與菁英主義、水土保持這些議題有關聯,因此從事這項運動時,不免會受

到這樣的社會氛圍與價值觀所影響。

‧**右下象限**：國家體育政策會影響資源分配，進而使得從事某些運動較容易（如臺灣的籃球場很多），某些運動則機會受限（場地難尋、裝備難買）。在許多國家，狩獵是合法且受歡迎的運動，但並非舉世皆然。

親身經驗

我個人的「職業選擇」過程，是一段整合理論「象限」的精采演練過程。

‧**左上象限**：高二分組時，我的優先考慮是文學、哲學，理由除了個人喜好之外，也包括自己纖細敏感、多愁善感的個性。這些都是左上象限——個人的內在面向。

‧**右上象限**：此外，我很清楚自己是個重睡眠的人，加上身為 B 肝帶原者需要足夠休息，所以需要值班、體力負荷大的醫療工作，對我的身體影響也必須考慮。這部分則是右上象限——個人的外在面向。

‧**左下象限**：雖然在家族壓力下，我最終還是屈服而選擇了第三類組，不過我也沒忘記先「談好條件」，告知父母如果順利考上醫學系，將來要專攻精神科。在當時的社會氛圍下，精神科遠不如今日為人所接受，到精神科就診甚至還是個「禁忌」。這部分是左下象限——群體的內在面向。

‧**右下象限**：隨著時代推進，心理、精神疾患衍生出諸多社會問題，政府隨之調整精神醫療相關政策、法規，使精神科變得越來越熱門，也開始受到民眾與媒體的大量矚目。這部分則是右下象限——群體的外在面向。

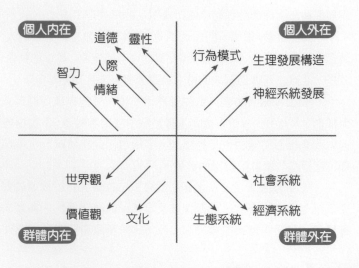

同一象限內包含許多不同的Lines（面向），每個面向的發展程度高低各不相同

個人內在　道德　靈性
智力　人際
情緒
行為模式　生理發展構造
神經系統發展
個人外在

世界觀
價值觀　文化　生態系統　社會系統　經濟系統
群體內在
群體外在

不到 16:00 就已經早早把今晚該做的事都完成了，雖然太陽從雲層中冒出頭來，但風依然很大，溫度也沒有顯著回升，想要到外頭「乘涼」依然很困難（太「涼」了）。這時候就睡的話，也著實太誇張了，所以我拿出在 Akureyri 買的心理學科普雜誌，躺在帳棚內讀了起來。

本來這件事應該是接下來幾天，獨自一人躺在小木屋內，或是躲在荒野中的帳棚裡才要做，結果現在不但提前進行，周遭還多了好些帳棚及閒雜人，總感覺氣氛不太對。不過，心中的安全感卻是不可否認的事實，這也讓我做出最終決定：不繼續往前走了。至於待在這兒兩晚該做什麼？反正時間還很多，不必急著現在決定。

想著想著，不知怎地逐漸感到不對勁，全身開始發熱，過一會兒甚至出現畏寒的狀況，照這些症狀來推論應該是發燒。雖然摸摸額頭並不覺得燙，但是在 10℃ 左右的低溫下發燒會出現哪些症狀，我其實完全沒有概念（或許根本「燒」不起來）。再接著想想，一個可怕的發現讓我更加擔心：從一早出發至今超過 10 小時，我只在半路尿過一次，明明沒有流多少汗啊？該不會是最糟糕的狀況——缺水外加發燒，甚至一步步惡化成急性腎衰竭？

我趕緊吞下一顆普拿疼，開始補充水分，並且把自己緊緊的包在睡袋內。不知喝了多少水，終於冒出一些汗水，也開始產生尿意。難處在於，若是此時走出帳棚上廁所，不管穿上再多衣服，鐵定還是會著涼，然後變得更嚴重。幸虧我腦袋還沒燒壞，想到一個妙計。

為了保險起見，我帶了三個 3 公升塑膠水袋、外加一個 2 公升塑膠水壺，確保健行過程中有足夠的水。現在既然已經抵達安全區域（隨時能取得飲用水），它們就可以休息納涼了，只不過這時候正好可以派上用場——充當「尿壺」。如此一來我就可以不用出門，輕鬆解決這個民生問題。至於完事後該怎麼洗手？輪到我的 Hilleberg Rogen 帳棚發揮功能：它的左右兩側各有一扇門，門外各有一個面積寬達 1.1 平方公尺的「前庭」（內帳與外帳之間），可以用來放置、烹調而不用擔心淋雨，用來洗手當然也沒問題。

迷迷糊糊躺了不知多久，外頭傳來陣陣餐具敲擊聲與年輕人的喧鬧聲，此起彼落的「Ola！」讓我得知今晚又是西班牙人「作伴」了，不過並非昨天那四位中年男女。一看手錶剛過 21:00，感覺燒都退了，身體舒服了許多。這樣的吵雜環境，雖然和我本來預期的場景差了很遠，但是聽著聽著卻越來越安心、放鬆，就這樣不知不覺進入了我在這頂帳棚內的第一個夢鄉。

如何寬廣心胸——自動化思考修正技巧

　　談完「自動化思考」及「整合理論」這兩個重要概念，分別是「放過自己」與「放過他人」的「基本功」，接下來要說明如何實際加以「執行」，進而達到寬廣心胸的目的。首先談到如何練習「修正自動化思考」，這些方法是來自心理治療中的「認知行為治療」（cognitive-behavioral therapy，簡稱 CBT）。

　　一、拿出前面「自動化思考」一節中，請大家練習記錄下來的內容。

　　二、找出其他可能的「替代想法」：試著思考，有沒有可以「反駁」這些想法的證據，有沒有可以「取代」它們的其他想法。如果真的很困難，請記住「旁觀者清」這句話，身旁的親友往往可以「看」得比自己更清楚。在此還要特別提醒一件事，所謂的「替代想法」是指雖不同、卻合理的其他可能性，絕對不是一味的以「正面思考」取代「負面思考」！因為這麼做的話，輕則可能使自己錯估情勢、判斷失準，重則甚至會在結果不如自己期待的那麼「正面」時，帶來更強烈的負面影響。

　　三、檢視、評估「證據強度」：關鍵的概念在於「比重」，而不在於「非黑即白」——除非是「已經發生」的既成事實，否則所有的可能性只有「發生機會」高低之別，天底下沒有哪件事的發生機率是 100%（絕對會發生）或 0%（絕對不會發生）。至於實際運用技巧，則需把自己原本的想法（自動化思考），以及找出來的替代想法，分別客觀列

出每一個的「支持」與「反對」證據，才能進一步評估發生機會。

　　四、修正記錄表格：依照下面的表格記錄，藉由每一次發現自動化思考後的修正過程，進行自我訓練的動作。

　　五、情境預演：搭配上述表格，試著模擬下次遭遇類似狀況時，該如何進行修正動作。

只要練習得夠勤快、夠認真，就能慢慢把這個過程「內化」——不用再寫下來，甚至不用花太多時間思考，就能直接在腦中進行修正，如此一來，自然減少了自動化思考的負面影響程度。也可以搭配「提醒小卡片」，將自己特別容易產生的自動化思考、修正後的想法都列上去，在平時可以常溫習，狀況發生時則能立刻拿出來提醒自己。

情境狀況	自動化思考	情緒反應	修正想法	結果
當我聽到西班牙四人組說出讓我決定放棄健行的那陣大雨只是「little rain」，再看到他們休息沒多久立刻又能健步如飛。	我立刻陷入「言過其實」（magnification）的思考模式，質疑自己怎麼那麼弱、那麼沒用，還敢來這裡丟人現眼、自尋死路。相信程度：80%	焦慮：90% 擔憂：80% 羞愧：70%	1. 他們是經常健行的專業背包客。 2. 雖然我的確差他們一截，但並不表示我「沒辦法」完成，只是比他們速度慢一點。	焦慮：40% 擔憂：20% 羞愧：20% 相信程度：30%
當我發現西班牙四人組一直待在外頭不進hut時，我第一個想到的就是「他們是否本來要住，但因為沒有預期到我這個外人出現，所以感到不自在，才會遲遲不肯進來？」	我立刻產生「自我歸咎」（personalization）：「如果我記得價格（出國前查過資料，印象中其實不貴），就不會讓他們誤以為收費很貴，他們就不用在寒冷的室外過夜了。」相信程度：70%	愧疚：70% 自責：60%	1. 他們其實多少也知道價格，而且原本就打算露營，只是進來再做確認。 2. 如果不是有露營的打算，就不會準備得那麼齊全，其他三人也不會連小木屋都不進來了。	愧疚：30% 自責：20% 相信程度：20%

旅行筆記

不到 6:00 就精神飽滿的起床，感覺身體狀況恢復得不錯，出帳棚一看雖然天空陰陰的，但是並不覺得冷，看來可以依原定計畫進行。

把朝向東方那一側的外帳打開，可以遠眺 20 公里外的 Herðubreið，只見山頂依然籠罩在雲霧中，想起前天早上我還在她身旁，心中有股莫名的感動與佩服——我真的是靠著自己的兩條腿，從那兒一路走過來的呢！邊感動之餘，泡了熱騰騰的麥片配吐司當早餐，不過還是縮在帳棚裡。不到 7:00，擋在我帳棚前的露營車就拔營離開了，讓我得以無干擾的一睹山之后的動人容顏。

既然今明兩天都要在這裡停留，就不急著那麼早出發，問過工作人員天氣預報資訊後，我便先在營地附近繞繞（昨天一陣兵荒馬亂外加身體不適，根本沒有餘力欣賞風景）。這才發現不管往哪個方向看去，放眼所及都是「黃黑色」，只有山邊的小溪兩側，難得長著一片稀疏的綠草，其間夾雜著少許粉嫩的淡紫色小花，難怪會陸續吸引遊客駐足留影。

之所以會有這麼特殊的景致，之所以會在荒山野嶺的此地特別設立一個露營區，

兩者都與「Askja」這個名字息息相關。因為露營區的所在地，就位於「Askja 火山」的山腳下，而冰島內陸 Highland 區域的最重要景點，就在這座火山上的 Öskjuvatn 山中湖——其實它就是 Askja 火山最大的一個火山口，在 1875 年那次爆發時形成（註）。

後續觀察到八次火山爆發，最近的一次是在 1961 年。不過從 2010 年開始，火山學家觀察到這附近出現異常頻繁的地震活動，因此預測將會有再一次的爆發——這意謂著在 Askja Trail 健行，等於是走在一座隨時可能爆發的活火山上方……。

不管怎麼說，此地雖然地處偏遠，但每天還是會有觀光客前來朝聖。有的是自己開車前來，有的則是參加 day tour 一日遊——昨天搭的那輛巴士，在我下車的 Herðubreiðarlindir 停留休息後，下一站就是到這兒參觀火山及山中湖。只不過，車子會繼續往山上開，讓遊客只要走一小段路就能看到山中湖，而像我這種健行客，當然一定要靠自己走上去才算數囉！況且，這條路線是我第三天原本要走的（前三分之一），雖然已經提前放棄，還是可以先探探路，下次有機會再完成。

註：1875 年 3 月 29 日的那次大爆發，時間持續了九個半月，大量火山灰隨風飄散到全冰島、挪威、瑞典（2010 年全球航空停擺事件的翻版），讓世人首度得知此處有一座面積廣闊、威力驚人的活火山，更造成一波冰島人的移民潮。

如何寬廣心胸──Zoom In 與 Zoom Out

　　寬廣心胸的第二個技巧，是學習「Zoom In」與「Zoom Out」。

　　照相取景時，藉由焦距的遠近調整，能讓我們透過鏡頭拍攝到截然不同的照片，進而影響觀看者的感受與情緒（雖然眼前的風景其實完全沒有改變）。在「看待」外界人事物時，藉由腦中的焦距調整，也會讓我們看到截然不同的風貌，進而影響我們的感受與情緒（雖然眼前的人事物其實完全沒有改變）。

　　以我眼前所看到的景象為例，當我把視野的焦距拉遠，將只會看到一整片枯燥乏味至極的「黃黑色」，唯有在焦距拉近的情況下，才有機會欣賞到那片淺綠，以及難得的淡紫。很多人在提到「出國旅行很無聊」時，所犯的毛病也是「調整焦距」不良，只要能學著調整焦距，自然就能體會到許多樂趣。

　　·**「拉遠」**：只注意到景點、建築物本身當然很容易無聊，若是能把時空焦距拉遠到數百年前，了解這個景點在歷史中扮演的角色、這棟建築物在興建過程中發生的奇聞軼事，就會得到許多深刻的樂趣與體會。

　　·**「拉近」**：只注意到景點、建築物本身當然很容易無聊，若是能把視野焦距拉近到一磚一瓦、進出的遊客，就有機會發現到令人驚喜的小事物。

　　前來身心科門診求助的個案，其實絕大多數也正是因為「調整焦距」的功能出了問

題，列舉如下：

‧**憤世嫉俗**：焦距拉太近，只將關注焦點放在他人、社會的缺點，而忽視了許多其他值得肯定的優點，當然每天睜開眼睛看到的每件事、遇見的每個人都不順眼。

‧**杞人憂天**：焦距拉太遠，早上都還沒過完，就開始擔心晚上會不會睡不著；今天都還沒過完，就擔心起下星期的工作進度；小孩才上幼稚園，就擔心他長大以後會不會沒工作；八字都還沒一撇，就擔心結婚以後對方會不會始終如一。如此一來，當然每個片刻都過得很辛苦，每天都覺得壓力很大。

‧**絕望憂鬱**：焦距拉太近，只看到眼前的不順利、不如意，完全抹煞未來可能改變的契機。這麼一來，就算機會掉在眼前，只要一彎腰就能撿起來，還是會被視而不見的忽略、踩過去，事後卻又抱怨老天不公（註）。

‧**虛無主義**：焦距拉太遠，總是想到年老、死亡，或者在「人生意義」上鑽牛角尖。得到的結論就是：既然人都難免一死，既然沒有人能夠回答我人生目的何在，乾脆啥都不做，甚至提早結束算了。

藉由自我訓練，我們可以學會如同運用相機鏡頭那般，視當時情況靈活調整看待人事物的焦距，進而帶來視野、感受、情緒的改變。這是下一節要討論的重點。

註：分享一個和這段文字有關的笑話。一位堅定的教徒，在水災發生時爬到屋頂等待救援。水淹到大門時，一艘消防艇前來營救，他回答救難人員：「你們不用幫我，上帝一定會來拯救我。」水淹到二樓時，第二艘消防艇前來，水淹到屋頂時，第三艘消防艇前來，他都維持一貫的信念，回答同樣一句話。當他淹死以後一見到上帝，就很生氣的抱怨：「你怎麼沒來救我？」上帝的答覆是：「我前後派了三艘消防艇去救你，結果你都拒絕了！」

旅行筆記

從營地前往 Öskjuvatn 山中湖的距離只有區區 8 公里，而且大部分裝備都留在帳棚裡，只需揹著必要的少量物品，比起前兩天動輒 20 公斤背包、20 公里路程可說是小巫見大巫。不過事實並非如此，因為在這段短短的路程中，得從露營區所在地的海拔 800 公尺，一路爬升到 1,300 公尺，而且不是一路向上，而是上上下下、爬過一個又一個山峰和山谷。

剛離開營區的第一段山路，就讓我確認了自己的決定很睿智：45 度陡坡直上第一個山頂，而且是很容易打滑的沙土路，走沒 10 分鐘就已經氣喘吁吁，要真是全副武裝還得了！翻過第一座山頭之後，露營區很快就被山巒遮蔽消失在視線中，前方則還有不知幾座山丘要跨越，幸好沿路指標很清楚，也沒有岔路，至少不用像前兩天還得多擔心一件事。

沿途雖然依舊是枯燥乏味的顏色，但地形變化多端，有時是在遼闊的高原中前進，有時走在視野開闊的山稜上，有時則驚險的通過一側山壁、另一側數十公尺深谷的邊坡。爬升到一個高度以後，視野中開始多了「白色」（終年不融的冰層），

我特地找了個面積最大的冰層，在上頭用登山杖仔細刻下「揭開祕密背後的密祕　賴仕涵」——不是我寫錯字，而是故意的，期待有讀得懂中文的遊客經過時會看到，雖然機率很低。

　　經過 2 個多小時，就在不知翻過第幾個山頭以後，眼前突然出現一片寬闊的湖面，今天的主角終於現身了！山中湖 Öskjuvatn 面積 11 平方公里，深度 217 公尺（日月潭面積不到 8 平方公里，水深 27 公尺）。周邊圍繞著一圈山脈（總周長約 25 公里），以我身處的東方這一側山勢最高，因此得以居高臨下一覽整個湖面。

　　這個湖雖然沒有「水怪」之類的傳說，但是 1907 年兩位德國科學家乘著小船進行研究時，毫無徵兆的消失在湖中，其中一位的未婚妻曾率領大批搜救人員前往搜尋，卻連一點蛛絲馬跡也沒有，這個事件至今仍是個謎。依照此處的低溫與乾燥推論，兩人的屍骨應該還在我舉目所及的範圍內，而且保存得很好……。

　　胡思亂想完了，接下來還得考慮一件事：要不要繼續往前走？因為只要再走 3 公里，就能抵達另一個小型山中湖 Viti（直徑只有 150 公尺），也是必遊的景點之一。而且，沿途有小路可以通到 Öskjuvatn 湖岸邊，在氣溫較高的日子裡，還有遊客會下水游泳呢！

　　我之所以會這麼猶豫，主要有兩個原因。首先是「地勢」，接下來要先下一個極陡的砂石坡，雖然有 Z 字形步道減緩坡度，但待會兒回程往上爬還是會很辛苦。而且，往前還得穿越好幾塊覆蓋在步道上未融的冰層（寬度數十公尺不等），不確定我的裝備是否可以應付，會不會在冰上滑倒。其次是「天氣」，好幾大片烏雲在頭頂上徘徊，不知何時要化成大雨，屆時天雨路滑，原本就陡峭的山坡會變得更困難、更危險。

如何寬廣心胸——練習 Zoom In 與 Zoom Out

　　練習「調整焦距」的步驟如下：

　　一、「知道」有這件事。可別以為我是在開玩笑，當你擁有一臺可以調整各種焦距的相機，卻以為自己拿的是 Lytro 無焦距相機，所以從不調整看待人事物的焦距，但你又沒有它的拍攝後對焦功能，結果當然就是讓自己常常看不清楚囉！

　　二、「提醒」自己這件事。和「自動化思考修正技巧」的概念類似，在每次發現「焦距不對」的時候（發現自己的情緒、感受不對勁），就要記得立刻提醒自己進行調整焦距的動作。

　　三、「了解」自己的焦距在哪裡。這牽涉到下一章會深入討論的重點——「彈性」，因此僅先提醒以下這句話：關鍵不在採取某個「特定」技巧，而在於因時制宜選擇最「恰當」的技巧，否則就不會稱之為「彈性」了！

　　此外，我還得先提出一個極為重要、卻容易被忽略的概念：人往往較擅長於「拉近焦距」，比較不習慣、不懂得「拉遠焦距」。「Omnipotent」這個字就是最傳神的例子。

　　它的意思是「全能的」，或者是「自覺全能的」，最常發生在「醫師」身上，我自己也不例外。還記得第一章曾提過，在剛進醫院擔任住院醫師時，我常常出現焦慮、失眠等症狀，原因其實就是把自己「看得太了不起了」，將病患的好壞責任全攬到自己身上，

忽略了醫學本來就充滿了許多「不確定性」——即使完全依照標準流程、全心全意的付出、徹底奉獻的照顧，也不表示就一定會帶來好結果。偏偏很多年輕醫師不了解這個道理（尤其是特別盡責、認真的更是如此），結果往往把自己搞得筋疲力竭、信心全失，反而無法持續下去便選擇放棄。

可別以為只有醫師會如此，一般人也常不自覺犯了同樣的錯誤！為人父母者，以子女的前途為己任，除非他們每個都出人頭地、建立美滿的家庭，否則就認為自己做得不夠好。為人子女者，以父母的身心健康為己任，除非他們長命百歲、無病無痛，否則就怪自己沒有及早發現問題、沒有好好照顧。問題便和醫師的情況相同，都是忽略了「人生無常」這句話，總以為自己應該能掌控一切、只要努力就一定會有好結果！

「憤世嫉俗」的人其實也一樣，乍看之下似乎沒什麼關聯，但根本心態其實是相同的，甚至有過之而無不及：認為他人、社會、世界應該「按照自己期待」運轉，否則就心生怨恨不滿，這不正是標準的「把自己當作上帝」的「omnipotent」心態？

唯有學習「拉遠焦距」，看到、了解人世中的諸多「不確定性」，接受身為人的諸多「侷限」，才能在現狀不如己意時，減少對自己的衝擊與傷害。

當面臨大自然的不確定性時，該如何調整面對的心態（調整焦距）是個很重要的課題，在極端氣候成為常態的現在尤為如此。身處在山中的我，面對氣候與地形的不確定性，做出的選擇是「且戰且走」。

雖然下坡確實如意料的辛苦，雖然穿過冰層時走得心驚膽戰、搖搖晃晃，不過我還是花了 1 小時走到 Viti 湖……旁邊的山坡上。因為如果繼續下到湖邊，待會兒就得往上爬回來，而天色似乎是越看越不妙，因此我只拿出望遠鏡欣賞，順便在這兒吃午餐。有幾位搭車到前方停車場的遊客陸續走到湖邊，遠遠的還能聽到他們大聲說話的聲音，每每在這個時刻，我都會感到特別安心（雖然不免抱怨周遭的寧靜遭到破壞）。

回程時先後遇到兩位新朋友。第一位是獨行的年輕女性，令我訝異的是她竟然一身輕裝，甚至連登山杖都沒帶！很佩服她能就這麼徒手上下陡坡、過冰層。聊了幾句，才知道她已經約好人，等在前面的停車場載送回露營區，所以不用像我還得靠自己走回去。

第二位朋友則帶來了大驚喜。他是一位獨行的老先生，一看到我就大聲問：「Do

you come from Taiwan ？」我的猜測是，他看到我幾個小時前在冰上所寫的字，所以猜測我來自臺灣，不過這豈非表示他看得懂中文字？結果他很快補充，是在前一個 hut 看到我於留言本上的「自吹自擂」，而現在整條 Askja Trial 上應該只有我一個東方人，所以他才會信心十足的問我。開心的和他閒聊了一會兒，才發現他竟然也沒帶登山杖，也是徒手上下陡坡、過冰層。

一位弱女子，加上一位老先生？看來似乎是我太遜（或者太小心翼翼），而不是他們太強……。

　　回程途中我心念一轉，決定更動計畫：原本打算在這兒待兩晚再回米湖，改為提早搭今天的車回去，如此一來可以先到周邊其他小鎮（因為四天後才會到南冰島和老婆會合）。向工作人員確認回程的車 16:00 會到，還有充裕時間煮鍋泡麵充飢，再慢條斯理的收拾帳棚。

　　巴士抵達後，一個熟悉的身影走下來，是那位年輕的導遊小姐！很開心她還記得我，不過也感到有些漏氣：前天下車時信心十足的告訴她，我將花六天走完整條步道，結果才兩天就夾著尾巴放棄，搭上同一輛車回去了……。

　　回程途中導遊說了好幾個冰島民間故事，最令我印象深刻的是，冰島有「13」個聖誕老公公（Yule Lads），從 12 月 12 日開始，一個接著一個每天輪流下山，每個都依照其獨特習慣加以命名。比如：第一個是「Sheep-Cote Clod」，最喜歡騷擾羊群；第四個是「Spoon-Licker」，會偷木柄湯匙去舔；第七個是「Door-Slammer」，喜歡用力關門製造噪音；最後一個是「Candle-Stealer」，會偷小朋友的蠟燭。怎麼聽起來都怪怪的？還有更不可思議的：這 13 個聖誕老公公有一個凶惡可怕的媽媽，會把不乖的小孩「煮來吃」，而且以上內容都是冰島爸媽說給小朋友聽的民間故事！印象中，咱們似乎沒有這麼變態、血腥的床邊故事……。

　　雖然說著奇怪的故事，但是導遊的腔調與聲線既動聽又柔和，讓人感到很放鬆，再加上沿路砂石路的顛簸，在在使我昏昏欲睡。處於半清醒狀態下，突然有一句話從我腦中迸出來：「如果真要證明什麼，這樣應該也足夠了。」

　　對大自然的恐懼與敬畏，和面對死亡時的感受其實很接近，都是充滿未知與不確定。一直很清楚這是我的一大罩門，也知道這樣短暫的「訓練」是不夠的。但是，在認清自己目前的「能耐」以後，我選擇「拉遠焦距」，先喊出暫停。這不是認輸、不是失敗，而是「轉進」、等待下次的機會。

如何寬廣心胸——「騙自己的頭腦」

　　突然冒出「騙自己的頭腦」這句話，不知道讀者會不會感到一頭霧水？這和「寬廣心胸」又有什麼關聯？且讓我由淺入深依序說明，大家就能逐步了解。

　　首先是初級班：每年都有人因為車禍意外死亡，而且不見得是因為自己的疏忽，很多時候只是純屬倒楣，被不守交通規則的駕駛波及。這表示每天當你出門時，即使機率不高，你都有可能成為下一個回不了家的倒楣鬼。請問：你會因為想到這件事，所以每天出門前都先擬好遺囑嗎？你難道不擔心沒做這件事，到時候會後悔莫及？顯然會這麼做的人只占了極少數，為什麼？因為我們在無意識中「騙自己的頭腦」，騙自己「我不會那麼倒楣」，唯有這麼做才能減少不必要的擔憂與腦力消耗，也才能度過每一天而不至於擔驚受怕、寸步難行。

　　接下來是中級班：心理治療中的「認知行為治療」，就是藉由「騙自己的頭腦」來達到治療目的，尤其是針對各種「畏懼症」（Phobia）的治療。怕高？怕蛇？怕開高速公路？怕在眾人面前發言？治療方法就是強迫你持續「暴露」（exposure）在上述場合，讓你的頭腦慢慢接受（或者說「被騙」、「被暗示」）：「原來沒這麼可怕、沒這麼危險」。

　　最後是高級班：《Happy Money：The Science of Smarter Spending》一書中，心理學家用幾個有趣的臨床研究結果，告訴我們「人的頭腦有多好騙」。以下是幾個與「時間」

及「金錢」有關的例子：

一、在人們從事「志工」活動以後，即使只有短短的 15 分鐘，比起其他「自由運用」這 15 分鐘的人，會感到自己的生活中「擁有更多時間」可以自由運用。很弔詭吧？心理學家解釋，這是因為時間具有高度「價值」及「稀有性」，所以當你能「給出去」的時候，反而能「騙」自己的頭腦：「既然我還有時間『浪費』（無條件幫助別人），表示我並不是真的沒時間」，因此能更有信心、更有把握的處理好自己每天的繁瑣事務，而不會老是覺得「時間不夠用」。相似的情形在「金錢」方面也適用，很多人明明已經不愁吃穿、存款充裕，卻還是對將來的經濟狀況很沒安全感，研究顯示：捐錢會讓人「感覺自己富有」，進而帶來對財富的「安全感」。

二、當人們「想起」時間與金錢這兩個詞的時候，會產生不同的心智活動。科學家讓準備進咖啡店的一群人讀有關「時間」的文字，另一群讀有關「金錢」的文字。進入店裡以後，前者會花較多時間與人互動，進而產生較多的社會連結與生活樂趣，而後者則會花較多時間在工作相關事務上。也就是說，光是腦中「想著」錢或時間，便會影響你接下來一段時間的行為模式。倒過來說，你可以在還未從事活動前的「準備階段」，透過「想」不一樣的名詞、事物來「騙自己的頭腦」，而讓自己待會兒表現得更好、更投入——做哪些事以前該想著「時間」，做哪些事以前該想著「金錢」，應該就不用我多說了吧？

三、與上一個研究類似，如果你的薪水是「月薪制」，而不是「鐘點制」，在你欣賞一首曲子前，先仔細計算自己上個月的「時薪」（總收入除以總工時）。比起沒有先做這些計算動作的人，你會比較沒辦法享受音樂、比較坐不住。其實不光是聽音樂，只要是「花時間做沒有賺錢的事」都會受影響。因此，下次當你要從事運動或休閒活動之前，記得多想一些與「光陰似箭、歲月如梭」有關的詞或概念，不要一直想著薪水、投資、貸款，一個簡單的「騙自己的頭腦」動作，就能使自己產生較多樂趣與放鬆效果。

旅行筆記

抵達米湖時已經 19:30，下車和導遊道別時有些依依不捨（當然是指我的感覺，不是她的），但內向害羞的我根本說不出什麼多餘的話，也只能珍重道別囉！其實在聽她「說故事」時，我就很想問一個問題：這些故事她應該已經說過幾百次，甚至上千次了，難道不會感到越來越無趣、無聊？對於從事這類每天「內容重複」的工作者，我向來感到既佩服又好奇，究竟他們是如何克服這些情緒的？可惜一直沒機會問，現在又只能錯過了。直到幾個月後，我才終於得到答案。

先前就看到超市旁有一個巴士站牌，只是沒有詳細確認路線，下車後仔細一瞧，果然有我剛剛研究地圖後臨時決定前往的 Egilsstaðir。那就省得再進遊客中心詢問，明天依照時刻表來這兒等車就行了。

今天並沒有訂房，我也已經做好必須在寒風細雨中露營的打算。喜出望外的是，民宿今晚還有一間空房，雖然是要價 19,500ISK 的三人房，但對於剛從沙漠中「轉進」歸來的我而言，這是一定要花的錢——一方面需要舒服的床休息，另一方面必須清洗滿是汗水與沙塵的衣物。附帶一提，在冰島的氣候中健行，其實只要選擇「適當」的穿著，外衣褲就算一星期不洗也不太會發臭。何謂適當？品質夠好、夠貴。

　　進房打點妥當後，雖然民宿有廚房可以使用，我卻也懶得再花時間煮晚餐了，還是直接到超市買漢堡最方便，順便連明天的早餐與水果一起採買。超市布告欄上貼著一張公告，今晚在遊客中心有一場演講，主講者是威斯康辛大學麥迪遜分校（University of Wisconsin–Madison）的一位教授。比較特別的是，這位教授及他的研究團隊已經在米湖住了五年，而研究對象也是今晚的講題，米湖最令人難以忽略的特產——「蚊子」。

　　每次來到冰島時，我總會不由自主的想像：如果能在這裡工作，不知道會是什麼感覺？如果過著每天閒晃、聊天、寫作的生活，不知道又會如何？我會越來越愛冰島，或者越來越感到無聊、失望？這應該也是很多讀者曾經想過的問題，只是誘發每個人產生這種念頭的地點不同罷了。答案不容易回答，也不可能相同，僅以我剛注意到的一件事作為引子：

　　三天前當我抵達米湖時，是豔陽高照、溫暖舒適的大晴天，當時蚊子多得嚇人，連騎單車都很難停下來休息，更遑論要野餐或欣賞風景。此時此刻，則是陰風慘雨、寒冷凍人的壞天氣，蚊子也跟著回巢休息，幾乎都看不到了。

如何寬廣心胸——
「騙自己的頭腦」有理論根據嗎？

　　讀過前文有關「自動化思考」及「騙自己的頭腦」兩段內容以後，肯定有不少讀者會懷疑：人的頭腦真有這麼容易「騙」嗎？反應快一點的讀者應該會接著想到，「短時間」內的刻意改變或許還比較容易想像，但是難道連個性這類「長期狀態」，也能藉由「騙」來改變？答案是個肯定的「YES」，理由就在近幾年腦神經科學界的重大發現：「神經可塑性」（Neuroplasticity）。

　　長久以來的概念，總認為大腦是「不可變」的，所以包括個性、道德感、情緒型態等個人特質，在先天基因遺傳，加上後天環境塑造之下，長大成人以後就此「大勢底定」，再無改變的可能。也因此，才會有「江山易改本性難移」這句耳熟能詳的老話，甚至連「廢死」議題的討論也能湊上一腳。

　　然而，藉由越來越多令人驚訝的研究發現，這個想法不但已經受到挑戰，甚至逐漸被推翻了。結論是：透過「行為」（外在）或「想法」（內在）的「刻意改變」，可以帶來大腦運作、功能的改變，只要時間夠長，甚至還能帶來實質上的「構造」改變。《情緒大腦的祕密檔案》（遠流 2013 出版）一書中，理查‧戴維森教授對「神經可塑性」有

深入淺出的詳細說明，有興趣進一步了解的讀者請自行參閱。以下提出幾個淺顯易懂的實例。

透過「外在行為」改變

首先要說明，身體任何部位的感覺與動作，都必須透過大腦中的不同區域加以控制，比方控制手指活動的是 A 區、控制大腿彎曲的是 B 區等。這也就是為什麼中風患者會因為腦中出血的區域不同，造成身體不同部位的感覺、活動功能降低或喪失。然而，只要透過足夠、有技巧的肢體訓練，就能「徵調」原本不是負責這個部位的其他大腦區域前來「支援」，進而恢復已經喪失的部分功能。更簡單的例子是，長期學習小提琴的人，大腦負責管理「左手感覺」的區域，會比沒學過小提琴的人體積明顯大很多——右撇子是用左手指按弦，因此負責管理這部分的大腦區域會越來越大。也難怪科學家會用「鍛鍊肌肉」的概念來類比，告訴我們「鍛鍊大腦」也是可行的。

透過「內在想法」改變

首先要說明，人的思考模式（鑽牛角尖或大而化之、杞人憂天或樂天知命）與情緒反應（快樂、憂鬱、焦慮），都牽涉到人腦不同區域的神經連結與傳導。透過服用藥物，可以在某個程度內調整、改變神經傳導，達到穩定、改善情緒的目的——這就是精神科的「藥物治療」原理。但是針對焦慮、憂鬱等狀態，也可以採取前面提過的「認知行為治療」來「騙自己的頭腦」，達到穩定或加強神經傳導的效果，進而改善症狀——這就是精神科的「心理治療」原理，只是過去雖然已經確定其療效，卻沒有足夠精密的儀器可以觀察到大腦改變的實質證據，近年來的先進儀器才有這個功能。

讀到這裡，讀者們應該已經迫不及待想知道，究竟有哪些方法可以改變人腦的神經可塑性，進而帶來自己身心狀態的改善。目前已經有研究證實的第一個答案，是前面反覆提到的「認知行為治療」（CBT），第二個答案，是前文提過的「冥想」（meditation），也有人稱之為禪修、靜心。其餘還包括運動、學習新事物等方法。

「透過外在行為與內在想法的改變，帶來大腦的連結與功能改變」，這句話聽起來是不是似曾相識？從某個角度來說，這不就是我所謂的「心靈整形」？從小受到父母忽視、不當照顧，或者受到嚴重霸凌的小孩，腦中的神經連結會產生變化，造成長大後得到焦慮症、憂鬱症等心理疾患的機率隨之提高。但是即使如此，也並不表示「這輩子就毀了」（這確實是很常見的誤解）。透過藥物治療、心理治療，或者對神經可塑性進行「心靈整形」，都有機會加以扭轉、改變！

旅行筆記

　　前往 Egilsstaðir 的巴士 10:00 才到，吃過早餐後有不少時間可以運用，雖然天氣看起來不太好，我還是出門散步。一過馬路走進遊客中心，就看到兩位大叔用中文在地圖前討論行程，我照例發揮背包客精神前往協助。他們是來自大連的兩家人，租車環冰島自助旅行。我忍不住「炫耀」了前幾天在 Askja Trail 獨自健行的經歷（當然省略提早放棄那一段不談），換來一陣令我虛榮的驚嘆與讚美。

　　等到服務人員上班，我順道向他確認前往 Egilsstaðir 的巴士（在冰島最好不厭其煩的做這個動作，否則很容易吃苦頭）。很幸運的得知，昨天看到的那班巴士是「半遊覽巴士」，雖然多了導遊與途中導覽，但是時間多一半、價格貴一倍（註），所以建議我搭乘當地巴士系統，既快又省錢！

　　回房迅速整理好行李，再出門時已經飄起小雨，雖然所有能穿的裝備都上身了，但還是感覺凍到骨子裡。一對當地母子和我一起等巴士，看他們穿得跟我一樣多，也冷得直發抖，就知道今天真的是特別冷（後來看到公路上的電子溫度計，才知道已經降到 7℃，不由慶幸自己選擇在今天離開此地）。誇張的是，有一對情侶從站牌旁走過去，男的竟然只穿著一件短袖內衣！

巴士上乘客很少，看來都是當地人，一位英文不是很流利的司機兼任車掌，車資一樣可以刷卡（在冰島很難找到不能刷卡的地方）。兩位看似雙胞胎的小女孩坐在第一排座位上，不停的左右前後跑動嬉鬧，不知道父母親是誰？看她們附近並沒有大人坐著，該不會是自己搭車前往另一個城鎮探親吧？

途中行經一座吊橋，底下是河面寬敞、水流湍急的 Jökulsá á Fjöllum 冰河，全長 206 公里，是冰島的第二大河。如果搭乘那輛貴一點、久一點的遊覽巴士，應該會在這兒停車休息，讓乘客下車拍照。

剛過吊橋不久，一陣雨霧飄來，能見度隨之降得很低。此時司機突然緊急煞車，我還以為前方發生意外，探頭一看原來是路旁有人招手要上車，還是位全副武裝的健行客。等到上車後，才發現她是位獨行的年輕女子，不但背包不比我的小，剛才等車的地方還是一片人煙罕至的山區。究竟她是從哪裡冒出來的？這當然不會是鬼故事，只要看她滿身大汗、一陣狼狽，就知道是剛結束好幾天的健行，但是拿出我的專業健行地圖查閱，卻沒見到這附近有任何一條步道。該不會是傳說中的冒險家與路線探勘者，專挑地圖上沒有標示的地點健行吧？

雖然我的好奇心已經快要滿出來了，但是她很快就陷入沉睡，而且我的害羞個性又跑出來作祟，結果直到抵達 Egilsstaðir 下車，兩人同時走進遊客中心詢問住宿資訊，我卻還是沒有勇氣向她攀談。隨著年紀增加，似乎勇氣也跟著減弱了啊！

註：其實就是幾天前我從 Akureyri 搭到米湖的同一班巴士，稍作休息後繼續開往終點站 Egilsstaðir，主要是供遊客搭乘。

如何寬廣心胸——「同理」的初級班

　　寬廣心胸的下一個技巧是練習「同理」。先前幾個練習主要是針對「自己」寬廣心胸，這個練習則是要學習針對「他人」寬廣心胸。以下我會由易而難，依序說明三階段的同理，以及每個階段的練習過程。

　　首先是第一階段初級班：同理自己「容易接受」的人事物。所謂的「容易」，意思是針對這些人事物有必要加以同理的「理由」，相對而言是比較容易了解的，大多數情況下指的是和自己或平均值相比「居於劣勢」（inferiority）。先和大家分享我學習本階段同理的經驗。

　　每個星期我都會撥出 1 小時接受按摩，地點是視障按摩中心。還記得小時候，每隔一段時間就會有「愛盲鉛筆」的義賣活動，雖然透過這樣的方式能幫助視障朋友，但總覺得和「捐款」的感覺一樣，有些不真實，還有那麼一點距離感（註）。然而，透過視障按摩，不但能讓身體達到放鬆的效果，也是對視障朋友的直接協助與肯定，可說是身心同時受益。不過，真正讓我收穫最大的，其實是按摩過程中，透過觀察、思考所學習到的「同理」——

　　視障者如何在屋內移動？閉眼在家裡走一圈，看看自己會撞倒多少東西吧！如何打發無聊的等待時光？你會了解我們有多依賴視覺過日子。如何進餐？閉眼吃一頓飯，保

證你會弄髒全身及整張桌子。如何搭乘公車？下次請主動詢問視障朋友要搭乘哪一路公車，並主動招手協助。

　　另一個這幾年在臺灣常發生的實例，則是「陸客」所衍生的諸多問題：不排隊、大聲喧嘩、攀折花木、用餐禮儀與生活習慣欠佳。不過年輕的讀者或許不知道，上述狀況在臺灣剛開放出國觀光的民國 60 ～ 70 年間（正好是我國小及國中畢業那兩次出國旅遊期間），於臺灣旅行團間也不少見。只是在相關單位持續宣導，以及出國旅行變得越來越普及，民眾逐步學習到該有的觀光禮儀之後，這樣的狀況才逐漸減少。

　　這其實就是「整合理論」中，「位階」發展的必經過程——「左下象限」（群體的內在面向）這些約定成俗的社會規範及禮儀，本來就是經過學習而得來，沒有人是天生就擅長。越是已經發展到較高位階者，就越應該要學習「同理」那些還處於較低位階、還在學習過程中的人。若是能站在協助的角度當然最好，至少不應採取訕笑、輕視的態度，因為我們都是這樣長大的「過來人」！

註：研究顯示，若能清楚得知自己捐獻金額的實際運用狀況，則會增加人們的參與度，進而提高捐款意願。因此，越來越多慈善機構會寄發受協助者的生活近況說明、照片、感謝函給捐款人。

旅行筆記

　　由於這是計畫之外的造訪，事先完全沒有研究過這裡，連旅遊書也沒帶，所以只能先進遊客中心求助。因為所有的裝備都揹著，找到今晚下榻的地點就成了優先任務，景點則暫時不用急著詢問。一問才知道，小小的鎮上竟然有超過十家民宿與三家旅館，服務人員在旅遊地圖上為我標示出幾家可能還有空房的民宿，也告訴我鎮上的露營區位置。

　　這裡雖然也下著小雨，但溫度比起米湖至少高了 5℃，走在路上並不覺得冷。我依序前往三家鎮中心的民宿詢問，竟然今晚都客滿，其他家則分散在外圍，真要繞一圈可能得花上 2 小時。於是我決定，前往鄰近遊客中心的冰島航空附屬旅館（Icelandair Hotel）做最後努力，如果還是沒空房就放棄改為露營。櫃檯人員沒有直接答覆，打了電話確認後告訴我「正好有人臨時退房」，還順便告訴我明天是超訂（overbooking）。結果我連房價都沒問，就趕緊訂下位於櫃檯旁的第一間房。印象中這附近並沒有特別熱門的景點（所以我才會對它如此陌生），真不知遊客是打哪來的？

　　鎮中心有兩家比鄰的大型連鎖超市，我在其中一家發現難得一見的壽司餐盒，

毫不猶豫就買來打牙祭兼補身體。雖然很習慣吃麵包、三明治等西式食品（在臺灣也是如此），但很久沒吃到熟悉的味道，多少還是會想念。

午覺一睡就是 3 小時，起床時已經 16:00。眼看太陽好不容易從烏雲間探出頭來，我便把握機會參考旅遊地圖的建議，來場「環鎮散步之旅」——在冰島除了首都之外，每一個城、鎮都小到能進行這個活動。依照資料說明，Egilsstaðir 是東冰島的第一大鎮——還稱不上「城」，因為居民也不過 2,000 多人。雖然已經成為周邊區域的交通、商業、行政中心，甚至還有一座機場、一所大學，但它其實還很「年輕」，直到 1947 年才出現在地圖上。

鎮中心有幾個低矮的小丘，爬上去就能俯瞰整個小鎮，以及鎮旁的河流。讓我印象最深刻的是綠樹之多，比起 Akureyri 有過之而無不及，幾乎家家戶戶草坪都種著好幾棵大樹，出現最頻繁的是「聖誕樹」，感覺很不像身在冰島。不過我很快就確認了自己的「心意」：這裡百分之百是我的「菜」，下次有機會一定要再來多住幾天。

無意間翻到地圖背面，發現整面談的都是「水怪」，原本以為是此地的傳說故事，仔細一讀才發現，上頭還標示出河中曾被目擊到水怪出現的 20 個地點。最近一次發生在 2012 年，一位農夫用數位相機完整錄下整段過程，影片還被放上 Youtube 引起國際注目及廣泛討論。回到旅館趕緊上網收看這段影片（搜尋「Lagarfljot Worm」這個關鍵字就能找到），老實說我分辨不出那是不是水怪，真正讓我感興趣的是影片下方的回應。因為這些你來我往的討論內容，正好與接下來要談的「第二階段同理」有關！

如何寬廣心胸——「同理」的中級班

　　同理的第二階段中級班，要練習的是同理自己「不容易」接受的人事物。所謂的「不容易」，意思是針對這些人事物有必要加以同理的「理由」，相對而言是比較不容易理解與接受的，大多是指和自己或平均值相比「勢均力敵」，甚或「居於優勢」（superiority）。

　　最明顯的例子就是韓國人的「好勝」，說起來可真是令人嘆為觀止，不論在運動競技（搞小動作求勝）、歷史文化（硬拗某某名人是韓國人、某某飲食或文化源自韓國）、科技產業（拚了員工的命也要爭第一）等領域，都能發現這個現象。常見的反應當然是氣憤、不滿，這樣的反應難道不對嗎？這又有什麼值得同理的？

　　根據心理學理論，「極度自大」其實往往源自於內在的「極度自卑」。喜歡「搞小動作」的國家，其實骨子裡是極度缺乏自信心、安全感，因此才需要在體育、政治、經濟、文化等各方面「動手腳」，非得「爭贏」才能心安、才會有信心。

　　這其實也一樣能從整合理論的「位階」概念加以思考：當一個人（或民族、國家）的自信心發展還不夠時，當然會傾向從「外在」尋找，透過名次、名聲、金錢等管道來提高自信心。越是自信心低落與自卑的人，就越是在意別人對他是否「尊重」，只要有一絲一毫感覺不夠受重視，就能馬上翻臉、暴跳如雷。因此在面對這些個人與群體之際，

我們不但不需要氣憤，反而應該站在同理的角度看待他的「不成熟」。

　　不過在此要鄭重補充：「同理」並不表示「接受其所作所為」或者「不作為」，只是告訴我們「不用那麼介意，不用把自己搞得火冒三丈、怒氣沖沖」——因為這麼一來，對方不見得會有所改變，反而只會把自己氣得身心失調。唯有先學會「同理」，才能夠心平氣和做出適當的處理，不管是澄清、抗議、聲明都無妨，重要的是自己不要隨之起舞，不要那麼容易受影響。冰島人在這方面就做得很好。

　　二次世界大戰期間，冰島與美國簽訂共同防禦協定後，兩國開始有了頻繁的民間交流。1942年二十世紀福斯（20th Century Fox）的一部電影「Iceland」，將冰島人形容成「容易上手的傻女孩與頭腦簡單的農村男孩」，引發全國人民與媒體的群情激憤及嚴正抗議。然而當2013年初，某一集「辛普森家庭」（The Simpsons）再度出現歧視、嘲諷冰島人的內容，他們不但沒有像過去那樣憤怒與激烈抗議，反而將之視為「免費廣告」的大好機會，還藉此大大宣傳來促進觀光。

　　這並不表示冰島人變得不愛國、不在乎名聲，而是意謂著經過七十年，他們已經變得更有自信、更成熟（註），對於這類無關痛癢的「騷擾」不但不會太介意，在一笑置之之餘還能「反將一軍」加以利用。這麼一來一往之下，更能讓旁觀者清楚看出何為幼稚的表現，何為雍容大度的成熟風範。

　　不過，當今冰島年輕人的「崇美」卻也屢屢讓老一輩擔憂，特別是對「語言」的學習與保留方面——寧可學英語也不好好學複雜的冰島語，寧可讀美國小說也不讀傳統文學，寧可聽美國音樂也不聽傳統音樂。「外國的月亮比較圓」這句話，在先進的冰島竟然還是難以避免！

註：話說回來，冰島人對於保有「獨立自主」還是很堅持。在個人方面，做事時的特點是「總在最後一分鐘完成」（always doing things at the last minute），相約見面時如此，安排旅遊行程時亦然，因為他們認為如果「提前」太久，等同於自主性受到「剝奪」。在國家方面，諸如加入歐盟、禁止捕鯨等議題的處理方式，也與這個概念脫不了關係。

旅行筆記

　　一大早起床閒著沒事便上網，本來只是想要刪除垃圾信，免得回臺灣以後信箱被淹沒，不料卻接到一個噩耗——2012 年出版的第一本書《不應該的人生——在冰島的人生七堂課》賣不到 900 本，著實讓我有些鬱悶。還好早餐 buffet 立刻撫平了我的創傷，不但該有的都不缺，連昂貴的水果都準備了十種，甚至還有少見的魚肉和魚乾油（讓我回想起小時候每天都要被強迫餵食的「哈利巴」）。

　　看過氣象預報得知今明兩天都是陰雨，而且已經確認過今晚都沒有空房，既然如此就沒必要再多留一天了。把握中午回米湖前搭車的空檔，把昨天沒去過的鎮郊走一遍。路旁的電子溫度計顯示著和昨天米湖一樣的 7℃，一位穿著短袖慢跑的當地女子經過我身旁，跟穿著四件衣服裹成一大包的我形成強烈對比，反正我也習慣這景象了。

　　今天的主要目標，是鎮東方小山丘上的森林公園 Selskógur，面積約 30 公頃，只比大安森林公園大一點，不過「使用者」卻差很多——其實就算全鎮居民全部進公園，也不會顯得擁擠。現在是周間的早上，當然更顯得冷清，不過這是冰島的常態（除了首都之外），也是我會愛上它的主要原因之一。

　　雖然名為「公園」，但其實比較接近「森林」的定義，整座小山丘上種滿白樺樹，好幾條步道貫穿其中。站在山頂上往東方望去，可以看到積雪的山脈，位於山後峽灣間的 Seyðisfjörður，是往來歐陸與冰島渡輪的停泊港口，也是電影「白日夢冒險王」（The secret life of Walter Mitty）中，主角在公路上滑著滑板前往的城鎮。

　　回旅館 check out 時，才發現早餐並沒有包含在房價中，不過 27,600ISK 的房價，以及 1,900ISK 的早餐加購價，還是可以稱得上物超所值。

　　巴士到站後發現是昨天那位司機，他顯然也還記得我（畢竟每天搭這班車的人很少），打招呼之後他滿臉歉意的告訴我：車上的刷卡機不能使用，所以必須付現。還補了一句：在市區常常出這種狀況，但是每次開到郊外就恢復正常了，他也不知道原因。我腦中靈光一閃：該不會是「水怪作祟」吧？不過心想他大概聽不懂這個玩笑，所以也就沒說出口。

　　一上車又看到那對雙胞胎小女孩，正在座位上吃著三明治充當午餐，我這才恍然大悟，原來她們是司機的女兒，或許是暑假期間不用上學，便每天跟著爸爸上班。這班從 Akureyri 經米湖抵達這裡的巴士，單程差不多要 4 小時，加上到站後的休息時間，一天差不多來回跑一趟就下班了。我不禁又開始想像，每天重複在同一條路上來回，不知道是什麼感覺？恐怕我一輩子都沒辦法有類似經驗，只能像現在這樣「同理」吧？

　　同樣的 165 公里距離，回程卻感覺比來時快很多，這樣的狀況並非特例，而是時常發生。人的頭腦還真不是可以單靠理性、邏輯來解釋，也難怪可以「騙自己的頭腦」，更有必要偶爾騙騙它。

　　下車從行李廂拿出背包時，或許是車內外溫差太大，再加上久坐，突然一陣劇痛從左腰傳來！我暗叫一聲糟糕，心想「該不會像去年一樣又來了吧？」

如何寬廣心胸——「同理」的高級班

　　同理的第三階段高級班，要練習的是同理自己「無法接受」的人事物。所謂的「無法接受」，意思是針對這些人事物有必要加以同理的「理由」，相對而言是很難理解與接受的。問題是，既然如此為什麼還有必要如此「折磨」自己呢？且讓我先回頭談談搭機時所看的一部電影「十億追殺令」。

　　金融界大老的孫女遭到變態凶手殺害，在警方無法迅速逮捕凶手的狀況下，他在各大報刊登廣告，宣布將提供十億日幣懸賞給任何抓到凶手的人，而且是死活不拘。由於自身安全受到嚴重危害，凶手主動向福岡警局自首要求保護，為了將凶手押解回東京接受審判，警方派出五位菁英前往護送。過程中，人性的醜陋、現實、光輝一一上演，也在在挑戰觀眾的容忍度與道德觀（我就不在此爆雷了）。

　　試著以前面提過的「同理」概念，設身處地想像如果自己是劇中的某個角色，你會發現有些人的困境是你很能理解與接受的（比方受害者家屬與幾位警探），但同時你卻也會發現，當你同理、接受了某人的想法與做法時，卻同時違背、抵觸了另一個人的所作所為。

　　我要強調的重點正是：人生中絕大多數的遭遇，都很難有所謂「百分之百」的對或錯，頂多只能說某些人事物「對的程度」（或百分比）相較另一些來得高。人生在世絕對不

可能事事盡如己意，就算身邊的人都曲意奉承、全力配合，外人、命運、老天爺也不可能總是這麼配合。若是不好好學習同理，沒辦法學會站在他人的角度去看待、感受世界，受到最大傷害的絕對會是自己，也就是我常說的「和自己過不去」（「憤世嫉俗」是最好的例子）！

因此，同理自己「無法接受」的人事物不但「利己利人」，從某個角度來看，甚至還是件「自私」的行為！不過仍舊要再度強調上一段所提醒的重點：「同理」並不表示「接受其所作所為」或「不作為」，只是告訴我們「不要隨之起舞，不要那麼容易被影響」。

要學會第三階段的同理，口訣是：「否定自己，肯定對方」，詳細操作方法是：「刻意」、「強迫」自己想出自己錯的理由，以及對方對的理由。這其實並不是痴人說夢，有過「辯論」經驗的讀者應該立刻就能心領神會：這不就是準備「辯論」的過程中，一定會進行的事先演練嗎？即使你是正方（支持某個議題），也不能光是準備、收集支持該議題的證據與資料，而是要同時先想好反方會準備的證據與資料，正式辯論時才能加以回應。最大的差別只在於，辯論時這麼做的目的是為了取勝，而人生中的勝敗則顯得更複雜、更模糊，不再是一翻兩瞪眼的結果，若一味只想著獲勝，吃虧的往往會是自己。

或許腦筋動得快的讀者已經接著想到：既然要練習同理自己「無法接受」的人事物，那要不要乾脆先故意讓自己（身心）受傷，刻意「創造」練習的機會？這是個很有趣，也很深入的問題，答案會在下一章揭曉。

旅行筆記

原本計畫明天才會從 Askja Trail 歷劫歸來，所以預訂的房間是明晚，因此必須先找到今晚過夜的地方。我彎著腰，用奇怪的角度辛苦地把背包勉強揹起來（照正常姿勢用力會痛到動不了），優先選擇旅館詢問（明天已經訂好房，如果今天有空房就能連住兩天不用移動行李），答案是「No」。接著轉往住過兩晚的民宿，之前覺得兩者間的距離區區 150 公尺，就算用單腳跳、用爬的都輕鬆寫意，然而在現今的狀態下，我卻覺得舉步維艱。雖然氣溫很低，卻痛到冒冷汗，結果答案依然是客滿。這麼一來，唯一的選擇就是在民宿草地上露營了。

雖然在這兒露營一晚只要 1,500ISK（就算連續露營 18 天，費用還是比昨天住一晚便宜），但最大的問題是今天的氣溫和昨天我離開時差不多（7℃），而且還持續飄著綿綿細雨，更糟的是我還得忍著腰傷把帳棚搭起來！

由於氣候欠佳，視線所及的帳棚只有個位數，所以我特別找了離廚房、衛浴（專供露營者使用的）最近的草坪紮營。咬著牙在寒風中把今晚的家辛苦建立起來，行李和人一進去，我就直接趴在地上動彈不得，半小時過後才能再繼續下一個動作。

草草煮了泡麵吃，不到 18:00 就躺平睡了。結果老天爺還沒打算放過我，雨雖然

變小了，但是越晚風卻刮得越大，氣溫也持續降低，低到我必須把所有白天在戶外穿的衣物都穿上（包括毛帽、手套、襪子），才能停止發抖。

連續睡了 12 小時，亂作了好幾個夢，半夜還醒來上一次廁所（在哪兒上應該不用我再說一次了）。隔天早上悶在帳棚裡養傷、發呆、發愁，邊煩惱著是否要臨時更動接下來的健行計畫？

老婆今天將從波蘭飛抵雷克雅維克，明天一早和我同時出發（她從西南、我從東北），在步道起點 Landmannalaugar 集合，後天開始四天三夜 55 公里的健行。依照今天早上醒來時的感覺，這樣的行程其實是有點勉強，如果腰傷恢復狀況不理想，不如讓她待在首都等我，改成安排比較輕鬆的行程。猶豫了許久之後，我還是決定賭它一把維持計畫，因為老婆難得願意陪我來冰島，而且 Landmannalaugar 步道（Laugavegur hiking trail，簡稱 Laugavegur）又是冰島舉世聞名的自然步道（註），錯過了實在可惜。

還好到旅館 check in 進房後，我的鬱悶情緒隨之一掃而空──位於三樓閣樓的房間是三人房，不但寬敞還兼之典雅舒適，充滿了溫暖的鄉村風，最讓我欣喜的是浴室內竟然還有浴缸（這在冰島是很罕見的），可以讓我泡湯療傷。至少在米湖的最後一天是以美好的結局收場，也讓我對明天的第二階段大冒險燃起一絲（微弱的）希望。

註：Laugavegur 在 2013 年被《國家地理頻道》雜誌（National Geographic Magazine）選為全世界「20大夢幻步道」（20 Dream Trails）的第一名，主要原因是「在短短 55 公里的老少咸宜路程中，可以欣賞到最多樣的地形景觀」。

寬廣心胸之後？

　　讀完幾個寬廣心胸的練習方法之後，在此分享一個「老鼠嫁女兒」的寓言作為本章的總結。

　　很久很久以前，一隻老鼠爸爸想要將牠的女兒嫁給世界上最偉大的人。牠思考之後，想到天上的太陽每天提供熱量，造福全世界的生物，所以一定是最偉大的人！

　　老鼠爸爸就去找太陽：「太陽先生，我認為你是世界上最偉大的人，請問你願意娶我女兒嗎？」太陽回答：「我才不是世界上最偉大的人，最偉大的是雲，只要它一出現，我就被遮住而無法提供陽光了。」

　　老鼠爸爸於是去找雲：「雲先生，我認為你是世界上最偉大的人，請問你願意娶我女兒嗎？」雲回答：「我才不是世界上最偉大的人，最偉大的是風，只要它一出現，我就被吹散了。」

　　老鼠爸爸接著去找風：「風先生，我認為你是世界上最偉大的人，請問你願意娶我女兒嗎？」風回答：「我才不是世界上最偉大的人，最偉大的是牆，只要它一出現，我就被擋住了。」

　　老鼠爸爸趕緊去找牆：「牆先生，我認為你是世界上最偉大的人，請問你願意娶我女兒嗎？」牆回答：「我才不是世界上最偉大的人，最偉大的是老鼠，只要牠一出現，

我就會被挖一個洞。」

　　老鼠爸爸終於發現，世界上最偉大的人原來就是老鼠。牠最後便決定把女兒嫁給隔壁的鼠先生。

　　話說，如果老鼠爸爸真把女兒託付給太陽、雲、風或牆，應該就沒孫可抱了吧？

旅行筆記

　　早早醒來到一樓上網，7:00第一位工作人員抵達，告訴我這裡的早餐 buffet 是 8:00 才開始供應，如果趕時間可以到斜對面另一家連鎖飯店用餐（同一個老闆）。不過因為我已經做好準備，所以就婉拒了她的提議。結果 check out 時，她告訴我已經提早準備好一些食材了，不妨外帶一些走。滿懷感謝之餘，當然就不客氣的包了火腿起士三明治囉！因為今天將會有一段漫長的旅程，除了得擔心腰傷之外，還得事先打點好餐點。

　　巴士 8:00 出發後會一路往南前進，穿過冰島中央 Highland 地區（除了路過的車輛之外，完全沒有人跡，當然更不可能有商店），預計 17:50 抵達 Landmannalaugar，繼續前往首都的乘客，則要再多花 4 小時才能抵達目的地。

　　上車前，本來想把紀念品「中國風書籤」送給那天來回 Askja Trail 所搭乘巴士的導遊，結果不巧她今天輪休。猶豫了片刻，我把小卡片委託今天上班的另一位導遊轉交，並且附上一張小紙片說明，還註明了最重要的資訊：Facebook 帳號。完成這件事以後，我才安心的上車，離開陪伴了我好幾天的米湖，見證我喜悅、焦慮、沮喪、傷病的米湖。

　　根據冰島新聞報導，2014 年夏天將會有一間占地 1,000 坪的新旅館，在米湖南側盛大開幕，為當地增加 60% 的床位，或許到時候我就不會像現在這麼愛米湖了吧？當我在心中這麼琢磨著的同時，米湖已經消失在視線之中。

第四章

自我覺察
全身整形手術

心靈整形第三步驟——學習「自我覺察」

心靈整形的第一步驟是透過「行動」的改變來「開闊視野」，第二步驟是透過「想法」的改變來「寬廣心胸」。經過以上兩步驟的努力，才能接著進行關鍵的第三步驟「自我覺察」，最後帶來個性、人格的改變。

前兩個步驟雖然都有其效果，但畢竟還是屬於表淺的改變，正如同化妝會被洗去，雷射除斑、肉毒桿菌的效果也都有「保存期限」。真要帶來徹底、深刻的改變，終究還是得進一步接受深一層的心靈整形。

不過必須再次強調，與身體整形不同的是，心靈整形的三個步驟雖然也有深淺之別，卻各有其重要性，因此三者皆不可偏廢。而且，前兩個步驟可算是「基本功」，如果缺乏練習就直接進行深層的第三步驟整形，不但效果會大打折扣，甚至可能帶來嚴重的副作用：想要進行大手術，就必須先調養好身體，如果體質太過虛弱，手術的風險當然會提高許多。

第三階段的心靈整形屬於「大破大立」的改變，進行之前必須考慮心理狀態的「承受度」，如果基本的「行動」、「想法」改變練習得不夠熟練，當然很難承受這麼劇烈的改變，甚至還可能發生「整壞」的慘劇。

總而言之，「自我覺察」既是整形本身，也是確認自己想怎麼整、該如何整的重要步驟。

離開米湖往西走了半個多小時後，巴士就停在前幾天來過的景點 Goðafoss 大瀑布，讓乘客下車拍照，順便到休息站補充食物，因為接下來就會正式進入 Highland 的範圍，將要一路往南展開漫長的 200 公里大縱走。沿途只有無止盡的沙漠，不但人跡罕至，也完全沒有建築物。

我們走的是 Sprengisandur Route（26 號公路），意思是「sand road」，充滿沙土的道路，自古以來就是南來北往最重要的道路之一，西邊還有另一條縱貫冰島的公路 Kjölur Route（35 號公路）。富有冒險精神的遊客會選擇其中一條往北走，再從另一條回到南邊，至於採用的交通工具，則依照「不怕死」的程度來區分：最膽小的是吉普車，接著是重機、單車，最不怕死的則是健行，並且每天在沙漠中露營。

位子還沒坐熱，巴士突然又在一個荒野中停下來，原來這裡除了有個小瀑布可以觀賞，路旁還有克難廁所（和我在沙漠過夜時是同樣的形式）。想必是因為接下來將會「很不方便」，所以司機先讓大家「方便」一番。果然，再度上路後開始越來越崎嶇難行，景致也越來越荒涼。

拿出地圖對照位置、估算距離之後，我發現山之后 Herðubreið 就在正東方 50 公里處，而當時若是沒有放棄後面幾天的健行，我將會走在公路東邊 10 公里外的荒野中。坐在溫暖的車廂內，心情輕鬆而毫不費力的迅速移動，對比當時的步履蹣跚、慌張恐懼，感覺真是恍如隔世！

沿途和我們會車的車輛不超過五輛，但至少兩次看到獨行的單車騎士（註），甚至還有兩組雙人健行客，在滾滾黃沙中艱苦前進。在咋舌之餘不免接著想到，早在一年前規劃這次旅程時，我其實也考慮過在這條公路上健行、露營，只是後來覺得太危險，所以作罷。如果當初維持這個計畫，不知道現在我人會在哪裡？

經過 3 小時的顛簸，終於抵達這條公路上唯一的露營區 Nyidalur，旁邊是沒什麼名氣的 Tungnafellsjökull 火山暨冰河（這在冰島是很普遍的，難怪會被稱做「冰與火共存的國度」）。因為攻頂比起其他冰河相對輕鬆許多，所以除了縱走的冒險家之外，也會有遊客在這兒住宿。這個區域已經算是冰島南半部，雖然天空藍得不像話，不過風卻也大得很離譜（至少達到中度颱風的等級），完全感受不到陽光所帶來的溫暖，每個下車的乘客都包得緊緊的、舉步維艱的前進。其實這才是 Highland 區域的常態：變化莫測的極端氣候，多變難行的險惡地形。在即將離開它的範圍之際，不禁讓我再度沉思：經過它的洗禮之後，我是否真的有所改變？

註：在 Youtube 上以這兩條公路的英文名稱搜尋，就可以找到不少單車騎士的冒險紀錄影片。

「自我覺察」的重要性何在？

在前一章的尾聲，我之所以會分享「老鼠嫁女兒」的寓言，就是為了回答這個問題。其實，只要先知道「缺少自我覺察會造成什麼後果」，答案就呼之欲出了。

．即使透過「行動」的改變來「開闊視野」，若沒有搭配自我覺察，除了可能造成漫無目的虛晃、怎麼都覺得時間不夠用（這個世界有太多可以觀察的人事物，永遠也不可能看完）之外，也可能看越多越心虛、無力（自己是如此渺小，似乎再怎麼努力也沒有用）。

．即使透過「想法」的改變來「寬廣心胸」，若沒有搭配自我覺察，則可能成為眾人眼中的「牆頭草」（缺乏自己的中心思想），甚至思緒越來越混亂、沒信心（既然怎麼樣都「對」、都有道理，究竟該相信哪一個）。

再以身體整形幾種常見的不良後果來對照說明，就更清楚了。

．當你存夠了錢、興致勃勃的接受整形，結果卻發現竟然對「變身」後的自己很不滿意。也難怪會有人一整再整，卻是越整越不順眼。

．當你為了某個心愛的人接受整形，結果事後發現對方原來根本只是隨口說說，並非那麼欣賞你的改變，或者很快就厭倦、看膩。心中的怨恨會有多強烈，應該不難想像。

．當你為了某個心愛的人接受整形，事後發現對方確實很欣賞你的改變，但是你慢

慢發現自己原來並非真的那麼喜歡他，問題是已經整成他所喜歡的樣子了。日後如果遇上命中注定的另一半，又該怎麼辦？再整一次嗎？這可不像刺青，即使以分手、離婚收場，只要「雷射去除」刺在身上的名字就好了。

　　當你對自己的了解不夠深入，以上這些狀況都很可能發生。心靈整形也一樣，想要清楚了解「行動」與「想法」改變對自己可能帶來的「影響」，都需要透過自我覺察才能做到。唯有努力往自己的內心深入探索，能夠自信而清楚的回答「我到底是怎麼樣一個人」這個問題，才能做到真正的心靈整形。

　　因此，本章內容將著重於結合前兩章的概念，協助讀者練習深入內心探索，並學會自我覺察。

旅行筆記

16:15 巴士抵達位於 Highland 邊緣的 Hrauneyjar

休息區。對於從南往北的旅客而言，它是進入不毛之地的最後補給站，對於我們這群由北而來的旅客來說，它則是重返塵世的第一個指標，乘客們紛紛下車解決各自的生理問題——有的需要「吸收」，有的需要「排出」。

準備轉車回首都的乘客，即將離開這令人難忘的區域，我們這些要繼續前往 Landmannalaugar 的人，則能繼續在大自然懷抱中作著美夢，只不過是另一個景致、風味截然不同的美夢。然而在此之前，還得經過一段「陣痛期」。

前往山中祕境 Landmannalaugar 有東、北、西三條路，我們所走的北邊這段路是最顛簸的。屁股很難得能有片刻貼在座位上，沿路幾乎都是「浮」在半空中，好幾次還感覺車子快失去平衡側翻了。短短 30 多公里路，卻花了超過 1.5 小時。

好不容易終於抵達了，下車以後第一個衝擊卻不是來自壯麗的景色，而是小木屋前空地上滿滿的帳棚與露營車，不愧是冰島步道的第一選擇，不由慶幸我早在半年前就訂好沿途的五個 hut，不用在寒風中露宿野外。遠遠的就看到老婆走過來，雖然僅僅相隔九天，再次見面卻讓我感覺恍若隔世。如果是歐美人，應該會來個熱情無比的「愛的抱抱」，咱們亞洲人還是習慣內斂的用眼神傳達心意。

她領著我走進位於二樓的房間，向我介紹睡我們隔壁的那對比利時中年夫妻，他們昨晚就住在這裡，今天花一整天來回走完明天我們要走的路，再睡一晚就要回雷克雅維克了。忍不住向他們吹噓起我的 Askja Trail 之行（當然對於提早放棄一事又是略過不談），唬得他們一愣一愣的。

聊了一會兒，工作人員上樓來告訴我們要換房，因為這間 12 個鋪位的小房間已經事先安排給一個團體，我們則被安排在一樓的大通鋪房。悻悻然的拎著撒了一整床的行李，走進房裡已經有不少人入住，靠牆的位置當然早就被占滿。想到今晚身旁會躺著一個陌生人，就讓孤僻的我心生不快（註）。老婆帶著我到戶外欣賞風景散心，隨便煮了泡麵吃，不到 19:00 早早就上床睡了——眼不見為淨，先睡先贏。

註：Landmannalaugar 的 hut 能容納 75 人，每個房間都採通鋪型態，差別只在容納人數不同，以及單層、上下鋪之別，因此都是肩並肩躺成一整排睡。除非能占到靠牆的床位，否則兩邊都會有人，睡覺時動也不能動，連翻身都不太容易。

自我覺察的最佳時機?

自我覺察最基本的方法，就是觀察自己的身（生理）、心（心理）變化。後續會分別說明身、心兩方面的觀察原則與做法，本節先說明進行自我覺察的「時機」。

自我覺察聽起來似乎不難，但事實上卻不然。因為就算知道了這個道理，也接受了它的重要性，我們卻還是很容易「忘記」這件事，而且不論處在哪種情緒狀態下皆然。

- **心情好的時候：**享受、開心都來不及了，哪裡還會想到要自我覺察?
- **心情壞的時候：**難過、氣憤得快受不了，怎會有餘裕進行自我覺察?
- **心情不好不壞的時候：**既然沒啥情緒反應，哪有材料可以自我覺察?

因此，第一個重點就是預先做好「提醒」的準備動作（比如前一章提過的「提醒小卡片」），或者請身邊親友適時提醒自己。若非如此，就算機會臨頭往往還是會錯過。

第二個重點是「心態」的調整。當我們過著行禮如儀的生活，處在相對平穩的情緒狀態下，其實是不容易進行自我覺察的（需要有更好的覺察能力才做得到）。當情緒產生波動時，才是較好的練習時機，尤其是產生負面感受時。而且負面感受越強烈，就越是練習的好機會。

因為，人的情緒不會無緣無故的波動，必然是受到外在（人事物）、內在（自己的想法）因素所誘發。而在不可勝數的內外在因素中，越是會誘發出情緒波動的，就表示

離「目標」越近。所謂的目標，就是我們的罩門、弱點，它們當然是很適合、很重要的自我覺察對象。

・老是受到某一類男性所吸引而芳心大動，卻又屢屢難以修成正果，把握這些機會自我覺察，你可能會發現自己的罩門是「缺乏決斷力」，所以老是覺得凡事替自己做決定的大男人很 man，結果越管越多成了過度干涉，自己再也受不了；也可能自己的罩門是「不適切的同情心」，所以總是不由自主想幫助、照顧沒用的爛男人，結果總是選到扶不起的阿斗，人財兩失之後，他卻依然不爭氣。

・常與人發生爭執而勃然大怒，把握這些機會自我覺察，才有機會釐清根本問題，或許原因是「缺乏自信」，所以只要感覺他人對自己有一絲一毫的不尊重，就會抓狂失控、強烈表態；又或許原因是「害怕認輸」，所以只要有任何可能會居於下風，就選擇先聲奪人、先下手為強。

・我向來很孤僻，原因可能包括對他人的防備心太強、缺乏自信，導致過度在意與人互動時的表現，害怕與人拉近距離後不知如何自處。以上這些發現，都是幾年下來自我覺察的成果。

旅行筆記

7:30 出發時，同寢室的二十多個人都還沒起床。之所以會一早就上路，除了不想待在擠滿陌生人的房間裡，更重要的理由是關於今晚的住宿——雖然早已候補到床位（花了三個多月等待），但是並未事先安排好床號，同樣是採取「先占先贏」的規矩，而我可不想重蹈昨晚的悲劇（雖然事實上並沒有那麼嚴重）。

今早天候不佳，滿天烏雲完全見不到陽光，溫度不高、風也不小。還好離下一

個 hut 只有區區 12 公里（總爬升高度 530 公尺，總下降高度 80 公尺），對於之前可以一天走上 20 公里的我來說，應該不是問題。比較擔心的是老婆在臺灣從未陪我進行訓練，又得分擔我的部分重量（顧及我尚未痊癒的腰傷）。還好她冰雪聰明，已經把一部分行李寄放在首都的巴士總站 BSI，否則後果不堪設想。

離 hut 不遠處有幾個露天火山溫泉，可以免費供遊客使用，溫度是恰到好處的 35℃，也是此地的一大賣點。只不過，我目前還沒有勇氣在不到 10℃ 的氣溫中下去泡湯（進去當然沒問題，但是出來就沒那麼輕鬆了）。

走過溫泉區以後開始攀爬，和 Askja 一樣是火山熔岩形成的黃黑色大石塊，不過難度低了許多，三兩下就抵達制高點，可以一覽 Landmannalaugar 的全景。此處最為人所稱道的是大自然的「顏色」，以及綿延層疊的山巒。由於冰島的山上幾乎沒有樹木，因此可以清楚的觀察到每一座山的山勢、地貌、底色；而火山活動異常活躍的 Hekla 就在附近，因此各個時期噴發所形成的不同顏色土石交錯出現，地衣、苔蘚的顏色也隨著底下水流溫度、含硫量高低而呈現多層次的黃、綠、棕色。

不過最讓我感到開心的是，爬過山頭以後露營區就被山遮住了，進入一大片山谷間的平原區，不但四下無人（這條路線常常人滿為患，已有學者提出「遊客總量管制」的建議），還有許久不見的老朋友「帥羊」在路旁吃草。正好老婆已經喊累，我們便順勢在羊兒身旁休息片刻。

再次啟程後開始緩坡向上爬升，沿著稜線跨過一座又一座山丘，到後來已經分不清楚究竟走到哪兒了。還好沿途指標很清楚，除了木樁之外，連標示地名的路標都有，所以一點也不擔心走錯路，還有心思欣賞兩旁壯闊的高山、深谷。不過我們期間又休息了好幾次，陸續被晚出發的遊客「超車」。

當眼前出現一個前所未見、既陡又高的大斜坡，我們不約而同停下腳步望著它，此時出現了令人目瞪口呆的場面：一行六人騎著登山腳踏車呼嘯而過，到了斜坡前扛起單車就往上爬，這表示剛才我們辛苦走過的每一座山丘，他們也都是這樣扛上來的！仔細定睛一看，其中有五位是女騎士！果然是極度講求男女平等的國家（註），所從事的活動也不分男女，充分體現了「男人行，女人也行」這句話。

看完這一幕精采的演出，我們的反應當然是直接坐下來休息。

註：根據世界經濟論壇（World economic forum）2013 年的調查資料顯示，冰島連續第五年成為全世界男女最平等的國家（「gender gap」最小）。

身體會告訴你答案

　　不論是身、心哪一方面的自我覺察，關鍵都是為了練習感受、體會從中觀察到的「自己所在的位置」，而這與整合理論的概念習習相關──清楚自己不同「面向」（Lines）的個人特質，各是處於哪個「位階」（Levels），才能全面而完整的看待自己，也才能進行最深層的心靈整形。

　　或許讀者會有這樣的疑問：既然本書談的是「心靈」整形，為什麼還有必要學習觀察「身體」？理由其實很簡單：

　　一、想要觀察抽象、飄忽不定的「心理」狀態，難度當然比觀察具體的「生理」狀態來得困難許多！所以除非是天賦異秉，或者經過多年修練，否則先從觀察生理變化進行訓練，再將學得的經驗套用到觀察心理變化，才是合理而有效率的做法。就以我幾年前處在高度焦慮狀態時為例，雖然還沒學會觀察自己的心理狀態，但藉由觀察具體的生理動作「剝指甲」，就是很好的初步學習素材。

　　二、心理會「騙人」，身體比較「誠實」！情緒焦慮、緊張、憂鬱時，不見得一定「感覺」得到（心理症狀），反而很常只出現「身體症狀」。很多人告訴我「不覺得上班壓力有多大」，卻一天到晚肌肉緊繃、頭痛欲裂、胃痛腹瀉，甚至出現胃潰瘍、肝功能異常，這些都是很好的例子。當我在醫院擔任住院醫師期間，早在「感覺」心情憂鬱之前，

其實就已經出現頻繁頭痛（必須服用止痛藥）、頭暈（必須躺著休息）。

　　如果沒有好好學習觀察身體，不但很難進一步學會觀察心理，還很容易發生下列錯誤，我將它們分為「過」與「不及」兩方面來談。

錯估情勢（過）

　　聽說某名人開始長跑後，身體變得很健康，結果自己跟著做了以後，卻發生疲勞性骨折；得知瑜伽的好處很多，開始一股腦兒的每天勤練，結果脊椎出了問題，連行動都有困難；看到某明星練出〇〇線，夢想自己也擁有同樣健美的身材，狂練健身卻發生肌肉拉傷；從年輕時代開始打籃球、跑全場，叱吒風雲、遠近馳名，到了四、五十歲還想如法炮製，結果經常發生運動傷害。我之所以會在這幾年選擇到寒冷的國家旅行，並且屢屢安排依靠雙腳進行的活動，其實正是基於此項考量——隨著年紀增加，能夠到達這些地點從事這些活動的「可能性」，必然會逐漸降低，而且這個現象是人人平等，差別只是有人早、有人晚。

因果錯置（不及）

　　當我建議心浮氣躁、難以專心的急性子個案學習靜坐，常會聽到他們這樣回答：「我已經試過了，根本沒用。坐沒 3 分鐘就胡思亂想，根本靜不下來。」其實，這不就是身體在「告訴你答案」？正因為觀察到自己靜不下來，才知道這是自己的「罩門」所在，更是有必要加以調整、改變的目標。基於同樣的概念，建議缺少運動者增加外出、進行有氧運動，卻得到「一動就好累，等體力好一點再說」這樣的答案。說也奇怪，整天窩在家裡不動，體力當然會越來越差，難道繼續這樣「等」下去，體力就會莫名其妙自己

突然變好嗎？當年我還是個標準的大宅男時，雖然尚未建立這樣的觀念，但是老婆的堅持（把我拖出門騎單車、登山、露營），卻歪打正著的幫了我一大把！

在進一步討論如何覺察心理前，先談談身體覺察與心理覺察兩者之間的「橋樑」——正是上一章提過的「冥想」、「禪修」。先前提過它對神經可塑性的提升有顯著效果，除此之外，它其實也包含了許多觀察身體、心理狀態的自我訓練方法，更能藉由某些身體動作，帶來心理狀態的調整與改變。另一個很容易被忽略的橋樑是「運動」——除了廣為人知的強身健體效果之外（「生理」層面），諸多研究也發現它對提高自信心、增強意志力等「心理」層面有顯著的功效！

旅行筆記

爬上那個陡坡之後，眼前景象驟然一變，出現一大片一大片的冰雪，地勢也變得和緩許多，似乎已經攀爬到高原區域。話雖如此，走起來並沒有變得比較輕鬆，因為風勢開始增強，還夾雜著雨絲吹過來，使溫度直線下降。

在低溫狀態下，身體會比較緊繃，肌肉甚至還會顫抖，兩者都可能造成揹負重物時的姿勢偏差，進而產生運動傷害。在沙漠中我已經親身體驗過這件事，學習「傾聽身體」告訴我的答案，因而能夠適時調整背包位置與施力角度，並且在此時和老婆分享這些經驗。畢竟在團體行動時，只顧好自己是不夠的，彼此的「命運」也息息相關、互相牽扯。

走著走著能見度越來越低，前方還出現好幾塊未融的冰河必須跨過。我讓老婆先走，自己殿後照應，結果她走沒兩步就在冰上滑倒，一看到這個畫面，我心中一把火就熊熊燃起。早在出國前就叮囑她穿登山鞋，結果她卻嫌笨重，最後還是堅持

只穿水陸兩用涼鞋，不但抓地力不佳，還很容易扭傷。

悶悶不樂的走到一個石堆旁休息，靠近一看才發現上頭有個紀念碑，似乎是由私人所放置，紀念 2004 年 6 月底一位年僅 25 歲的登山者，在此遭遇暴風雪而遇難。雖說這條路線號稱老少咸宜，但是冰島的山區氣候變化劇烈，實在還是不能輕忽（註）。看到這段文字以後，我就更覺得生氣了！

雖然紀念碑上有提到，他在離安全的 hut「很近」的距離內遇難，但剩餘的最後這段路還是花了我們 40 分鐘。由於視野受限，Ilrafntinnusker hut 幾乎是從眼前突然「蹦」出來，全身發冷的我們立刻三步併做兩步快跑衝進去。

小小的玄關擠了好幾個人，後來才知道這是因為 hut 很小，只有事前訂到床位的人才能入內，其他人頂多只能在玄關這個「三不管地帶」避寒。也因為空間狹窄，管理員連櫃檯也沒有，只擺了張小桌子充當辦公桌，旁邊就是一樓的兩間 16 人房，以及一個小廚房（二樓還有 20 張床位，共計可容納 52 個人）。我們這間房還沒有人入住，所以能選擇靠窗下鋪兩個最好的床位。雖然烹調是在廚房，但因為沒有起居室，所以用餐必須回到房內的長桌。

吃完熱呼呼的午餐驅寒後，我趴在窗臺上看著外頭沒訂到床位的可憐人，有的在野餐桌上用餐（天氣好的時候很有情調，此時就是另一回事了），有的辛苦在寒風細雨中搭帳棚，還得多一道手續，於帳棚周圍用石塊堆成一圈「城牆」來阻擋風勢   現在才下午 1.00 就低於 10℃，不敢想像晚上會降到多低。

傍晚時分，一對來自瑞典的年輕夫妻抵達，太太來自臺灣，先生是曾在臺灣學中文的瑞典人，因為沒訂到床位，所以簡短聊了幾句他們就忙著去搭帳棚。今晚的住客差不多都抵達了，管理員的工作也告一段落，靜靜的坐在小桌前讀著小說。我試著「同理」她獨自一人在這裡工作的感受（因為只能靠走路上下山，所以大多是值班一兩周才輪休，這段期間就只能在這小小的空間裡生活），即使是孤僻的我似乎也很難這樣過日子，可惜沒有適當機會問她實際情形。

晚餐時間整個 hut 內鬧哄哄的，和我們同房有兩對法國年輕情侶，不但吃飯時間晚（一如預期），吃完還開心的打牌，雖然已經刻意壓低聲音，但因為長桌就在床旁，所以很難不受干擾。還沒習慣這樣健行的老婆早早就睡了，睡不著的我只好躺著看雜誌，等他們休息了才有辦法跟著睡。

註：在我們離開冰島後的 9 月初，一位來自美國的年輕男性獨自走這段路，結果不知去向，經過數
　　天地面及空中搜尋後放棄搜救。遇難原因可能還是和天候不佳脫不了關係，原本準備同行的幾
　　位友伴臨時決定放棄，只有他堅持按計畫進行而釀成悲劇。

心理會告訴你答案

　　前面提過，情緒產生波動時是自我覺察的較佳練習時機，不管是正面或負面情緒皆然，不過負面感受越強烈就越是練習的好機會。以下說明處於正、負面情緒下，分別該如何進行心理覺察。

正面情緒

　　產生美好的感覺時，最重要的是在享受、沉浸之餘，提醒自己花些心思覺察內心的變化：為什麼我會感覺這麼好？以我為例，一個人獨自旅行時凡事都得靠自己，讓我被迫調整自己的孤僻個性，被迫比平常獨立、主動。和老婆同行時，我則會感到很安心、輕鬆，原因是我總習慣把和外人互動的「麻煩事」丟給她做，自己則只要出一張嘴。只要花些心思稍加覺察，就會發現這根本是我的「依賴心」作祟。

　　另一個很常見的例子是「打電動」。為什麼在從事這類活動時，總會感覺時間過得特別快、特別輕鬆愉快？每個人的理由略有不同，但不脫逃避現實環境（無法事事盡如己意）、依照邏輯且簡化的因果（真實世界的運作則有太多變數）等原因。試著釐清、覺察自己的心理狀態，是進行後續改變的重要前置作業。

除了以上這些較偏向「動態」的例子之外，不少「靜態」的情境也有助我們覺察自己的心，它們主要是透過各種「知覺」而來：「視覺」，欣賞了某一幅畫，帶給自己強烈的衝擊感，見到某個人，湧出莫名的熟悉感（這裡所指的不是一見鍾情）；「聽覺」，聆聽到一首曲子，情緒不由自主受到牽引而隨之波動；「嗅覺」，聞到某個人家飄出了熟悉的飯菜香，想起小時候家中的情景；「味覺」，嘗到某樣甜點，帶來深深的幸福感；「觸覺」，對於冰島的溼度、溫度，我有把握即使閉眼只靠皮膚感覺，還是能辨認出來。這些隨著知覺而來的情緒，若能不要將之視為理所當然的存在，花些時間與心思加以體會，也是很好的自我覺察訓練。

負面情緒

處於氣憤、厭惡等負面情緒時，當然比較不容易進行自我覺察，但即使在十次機會中只把握住一次，還是能為自己帶來很大的助益。除了前文所提過的理由之外，科學家更早已發現，伴隨強烈情緒而進行的學習，記憶會特別深刻，效果也會特別顯著。

就以我為例，對於老婆的「不配合」（不乖乖聽話穿登山鞋），固然有心疼、擔心的成分在內（擔心她摔倒、受傷），但不能否認和我的「怕麻煩」心態也有關（萬一受傷了會拖累行程，還得麻煩別人），更與我向來對「尊重」這個概念的異常敏感有直接關聯（很擔心不受尊重，這顯然是青春期自卑心態的「遺毒」）。至於「怕吵」這個罩門，固然和我的聽力與神經質脫不了關係，但同樣會因為感覺「不受尊重」，而強化對情緒的負面影響。

若是沒有透過自我覺察得到這些觀察結果，我將只會出現憤怒、不滿的情緒，表現出來的態度、互動當然會隨之受影響，甚至產生言語、行動上的激烈反應。話說回來，若是沒有這些反應，難道不也可以算是某種程度的「壓抑」？稍後再回答這個問題。

旅行筆記

經過第一天正式健行，老婆整整睡了 12 小時，6:30 才起床。不管是 hut 內或戶外，差不多有一半的人都起床活動了。出門盥洗時（廁所雖然與建築物相連，但門卻是設在室外，或許是擔心 hut 太小異味會很濃），發現天氣狀況是預報中「好的那一半」（註），雖然溫度還是很低、風還是很大，但是已經可以看到藍天，只是目前被晨間的霧氣「半遮面」。

雖然今天的路程同樣只有 12 公里，而且大多是下坡路（總爬升高度 130 公尺，總下降高度 600 公尺），但草草吃過早餐後，還是趕在所有人前頭率先出發。因為我們很清楚自己的實力，待會兒肯定會被陸續趕過去，所以寧可早點出發，以時間換取距離，理由同樣是為了到下一個 hut 先占先贏。

前 2 公里路在冬天不到半小時就能夠走完，在夏天卻需要花上超過 1 小時，原因是「雪」——地面被冰河切割出一條條深達 10 公尺以上的小溪谷，冬天冰雪將它們覆蓋，可以取巧直接從冰層上通過；而夏天雪融之後，就得老老實實爬下每座溪谷、再從另一側爬上去，和昨天經過一座座小山丘的辛苦程度完全相同，只是地形正好上下相反。還好這樣的辛苦很快就得到回報。

隨著太陽露臉，霧氣被驅散，終於有幸見到傳說中極地高山才會出現的天藍色。這段路的景色是整條步道中的精華，遠近都是連綿不絕的山脈，本身就有豐富色彩層次的土黃色，上頭還點綴著形狀互異的冰雪，不管往哪個角度拍都有如風景明信

片那般動人。雖然依照規定不能「野營」（wild camping），只能在每個 hut 周圍露營（因為地屬國家公園保護區），但還是看到荒野中有兩頂孤伶伶的帳棚，正好以它們作為照片主角。

　　老婆的鞋子依舊不爭氣，每次下坡時都讓我看得心驚膽戰。後來仗著身穿兩件外褲（為了禦寒），她乾脆都採用「滑」的方式，有時滑雪、有時滑沙，反正總比摔倒滾下坡來得安全。只是這麼一來，比我們晚出發的人果然一一「超車」，自暴自棄之下乾脆不再趕路，索性好好欣賞風景，依照自己的步調前進。

　　接下來在稜線上輕鬆的「散步」了幾公里，休息片刻後展開今天的最大挑戰，2公里的陡坡下降。可怕的是，沿途的 Z 字形路徑全是沙土與碎石，很容易打滑，一旦滑下去不知道多遠才煞得住車！更麻煩的是，平日為了保護膝蓋，並未特別針對下坡進行訓練，而上下坡所需要使用的肌肉群不同，所以很快就出現疲乏、酸痛、抽筋的狀況。還好這時候往上走和往下走的人都不少，不但有老人、有幼童，有的甚至沒有使用登山杖，完全依靠鞋子的抓地力和個人技巧，看到以後比較能「騙自己的頭腦」：原來沒有多難嘛！靠著這股傻勁，還是順利通過了考驗。

註：除非是極度惡劣的天氣，氣象預報才會出現百分之百的肯定用詞，否則即使像今天這樣的好天氣，還是會好詐的寫著「50% 好天氣」。因為山區氣候變化大，此刻大太陽，隔 1 小時出現暴風雪也不少見。

練習「移動」

　　自我覺察的第二個方法是練習「移動」。第一個層面的移動不難理解，它與「開闊視野」的概念很接近：藉由「行動」的改變，帶來心靈整形的效果。因為不論是身體、心理方面的自我覺察，當然都必須透過實際行動才有辦法進行。第二個層面的移動相對較為抽象，可細分為以下三部分詳述。

　　·移動的「標的」：透過身體、心理的自我覺察以後，所觀察到自己「目前所在的位置」。比方：喜歡從事的運動種類、較常採取的休閒方式、習慣採取的人際互動及衝突處理模式。

　　·移動的「方向」：透過「開闊視野」的學習，可以讓我們看到自己所處的位置，和他人相較之下是偏向哪一邊；透過「寬廣心胸」的學習，則能讓我們願意接受，自己所處的位置可以有改變、調整的空間。

　　·移動的「方式」：包括「行動」與「想法」兩方面。以我自己的經驗為例，雖然從小「被迫」學習很多才藝，但是對於「美術」卻是一籌莫展，不但完全沒天分，也徹底沒興趣。不過就在 39 歲那年，接連好幾個因緣際會之下，我竟然對油畫產生濃厚的興趣，甚至開始自學油畫！不過再仔細想想，這樣的改變並不是偶發的。

　　首先，我並沒有完全排斥藝術，透過接觸內容與油畫相關的推理小說，點燃了埋藏

在內心深處藝術之魂的火苗（想法）。其次，購買最陽春的油畫工具組，搭配圖書館借閱的油畫入門書籍，嘗試體會油畫的樂趣，讓藝術之火越燒越烈（行動）。就這樣，連我自己也不敢相信，這輩子竟然能夠靠自己完成一幅油畫，還能看了順眼到裱框掛在客廳。也因此在機上看電影時，我才會刻意選擇「印象雷諾瓦」及「神偷艷賊」兩部片欣賞，前者是印象派大師雷諾瓦老年的故事，後者的劇情則圍繞在莫內某一幅油畫作品。

　　這次的冰島健行大冒險，當然徹頭徹尾更是「移動」的過程，而且不管是行動，或是想法皆然。不過，我們似乎沒有談到另一個重點：究竟要移動「多少距離」？難不成想移動多遠都可以？再更具體的問：像老婆這樣，從未接受過和我一樣的訓練，就直接到冰島負重健行，難道也符合我所謂的「移動」？當然不是，且待下回分曉。

旅行筆記

隨著海拔下降，山巒開始披上綠色外衣，陡坡的末端是一大片綠草如茵的山坡，正好是完美的休息站。我們率先躺平休息，後續又有不少人加入行列，還好山坡很寬闊，就算躺了一千個人也不嫌擁擠。雖然不斷有人趕過我們繼續向前走，但是數目已經多到讓我決定放棄趕路，反正一定會有床位，只是沒有好位子。既然如此，還不如躺在這裡享受難得的陽光，同時慢條斯理的享用午餐。

半小時過後，我們精神百倍的上路。最後這段 4.5 公里路，通過一片乏善可陳的大平原，唯一值得一提的是第一次「涉溪」。雖然河面只有短短 5 公尺，還有前人鋪設的木板可供橫越，但是水流湍急外加木板寬度很窄，想要順利通過還是得有不錯的平衡感及勇氣。

雖說已經決定放棄趕路，但是當我發現後頭有一群超過 20 人的團體逼近，還是不由自主加快腳步。因為如果被他們趕過，就意謂著將會有大量床位被占據，那可不是開玩笑的！剛才的一路下坡已經讓老婆感到疲憊，因此對我說「要趕路你自己先走」，但我仍舊拖著她一路快跑前進。

1:30 抵達 Álftavatn hut，結果發現工作人員根本不見蹤影，我眼明腳快找到服務

處小木屋，率先排在上鎖的大門前。一會兒工作人員回來了，迅速完成 check in 程序進屋後，才發現還在進行清潔工作，根本沒有人入住。一路上超越我們的遊客都到哪兒去了？出門一看立刻發現答案，hut 後的山腳下有一大片草原，上頭已經搭好不少帳棚。顯然又是我過度緊張了。

　　Hut 的一側是山，另一側則是湖，可說是標準的「依山傍水」，可惜現在霧氣繚繞，氣溫也偏低，因此我們打消了到湖畔散步的念頭，決定趁還沒有太多人抵達時洗澡。這麼一想，才發現我已經連續兩個晚上沒洗澡了（當然連衣物也沒換），是這輩子的最高紀錄！怎知浴室門口掛著「故障」的字條，問了工作人員得到奇怪的答案：因為風太大所以沒熱水（完全無法理解兩者的關聯性何在），不過可以免費用冷水洗澡（本來是採投幣使用，每 5 分鐘 300ISK）。問題是現在雖然有陽光，但氣溫肯定低於 15℃，而且衛浴並不在下榻的建築物裡，而是位於另一棟獨立的小屋。我心想：怎麼可能會有人在這種狀況下洗冷水澡？

　　還真的有，而且就在我身邊。老婆說：難道要連續三天不洗澡？而且明天走到下一個 hut，說不定又遇到同樣的狀況，說不定氣溫還更低，不如趁現在有陽光先洗。好吧！只好捨命奉陪了，不過我的「能耐」只夠洗臉、洗腳，老婆則是紮紮實實的從頭洗到腳。

　　昨天遇到的瑞典夫妻這時候才抵達，原來他們起得太晚，出發時問了上一個 hut 的工作人員，發現我們已經離開，便一路追趕過來。今晚他們依然沒有床位，不過至少氣候比昨天雪山上好多了。討論到接下來的計畫，由於太太腳扭傷，所以他們決定放棄後面兩天行程，明天就提前回雷克雅維克。

　　聽他們這麼一說，我也心動了，因為最經典的景色已經看過，而且後兩天不但距離更長（分別是 16、15 公里），還有好幾條必須涉水通過的冰河（沒有架橋），我很擔心老婆的體力和鞋子是否應付得了。吃晚餐時的第一回合討論沒有結果，因為老婆希望走完全程四天，直抵 2009 年首次來冰島時造訪的 Thórsmörk 保護區重遊舊地。結論是延後議程，等明天召開第二次會議再做決定。

　　老婆和昨晚一樣，吃過晚餐 18:30 就呼呼大睡，我則是讀著雜誌，繼續和滿屋的噪音奮戰。

練習「移動」的高階技巧——
做「超過負荷」的事

　　上一節提到的「移動」，其實只能算是「初級班」，想要發揮更好的效果，需要的不只是移動，而是「超過負荷」的移動。

　　以健身時的「重量訓練」為例，如果你本來的肌肉強度只能舉起 30 公斤，想要進行重量訓練當然不能只是持續舉這個重量，而是要在教練指導下逐步增加重量（稍微「超過負荷」）。長跑訓練也一樣，沒有人能第一次就跑足全馬 42.195 公里，必然是以自己能跑的距離為基礎點，每次稍微「超過負荷」增加一些，才能逐步達到目標。

　　以上這些「生理」方面的例子應該不難理解，不過以下「心理」方面的討論才是本節重點。所謂心理方面的「超過負荷」，可分為「被動」與「主動」兩大類。

被動

　　簡單的說就是「倒楣」。不論是發生自己不希望發生的事，或者沒發生自己希望發生的事，都會對情緒造成負面影響，正好符合「負面感受越強烈就越是練習的好機會」。但前提依然是你必須記得這個概念，才能把握機會練習「超過負荷」的「移動」——遇上

這些倒楣事的時候，如果你的反應是（很容易預期的）暴怒、爭執、攻擊，這就是標準的「可負荷」移動，也就是什麼也沒學到；如果你的反應是很快「意識」到自己的負面情緒，並且學習加以「消化」，接著「吸收」或「排出」（後續會有進一步說明），就符合我所謂「超過負荷」的移動。

和老婆比起來，我一直是個小倒楣不斷的人，點的餐廚房忘了做、服務生忘了送、櫃檯少找錢給我，還有其他狗屁倒灶想像不到的離譜事件，不管在冰島或臺灣都常發生。而老婆，只要由她負責點餐，不但常發生一些令人大讚「世界真美好」的神蹟，就連找錯錢也一定是多找。不過也因為如此，我有很多「被動」練習的好機會，對於「移動」方面的深刻體會，也是這麼獲得的。

主動

這是比被動更進一步的練習，用白話說就是「自找麻煩」。聽起來或許有些不可思議，但只要想想我這次的大冒險就不難理解了。至於為什麼有必要「自找麻煩」，原因是如果總是「等待」倒楣事找上門，萬一發生在身心狀況不佳之際（生病、生活壓力大），奢求自己在這些時刻練習「移動」顯然很不實際。倒不如選擇自己身心狀況好的時候「主動出擊」，才有餘裕進行這個不算容易的練習。

我這次的冰島大冒險，不正是主動出擊的最佳範例？明明很怕死，卻偏偏找一個偏僻荒涼、可能真會死人的沙漠健行；明明很怕吵，卻偏偏在擠滿人的 hut 過夜；明明很討厭髒，卻偏偏安排連續好幾天沒辦法洗澡的行程。之所以能成功達到練習移動的目的，原因就是我選擇了「旅遊」這個最愉快的時間點進行練習，要是在上班期間遭遇這些事，別說是練習「消化」，想要不崩潰都很難！

先前提過，除非患有嚴重的身體疾病，否則冰島的師長很鼓勵幼童「練習」淋雨、淋雪，因為嚴苛的氣候本是此地的常態，如果沒有學會「超過負荷」的移動，怎有辦法在這樣的環境中生活一輩子？至於最適合的練習時機，當然就是輕鬆愉快的「玩耍」時刻囉！

旅行筆記

老婆本來打算睡個飽再出發，沒想到悠閒的吃過早餐後，一走到戶外發現天氣陰、風很大、溫度低，她立刻從善如流覆議我昨天的提案，決定下午搭車離開。這麼一來，我們就多了整個早上的時間可以運用。

根據資料顯示，離開 hut 不遠處就有兩條溪流需要涉水而過，原本很期待這個難得的經驗，如今既然無緣親身體驗，我至少想親眼瞧瞧才甘願。拉著老婆走了一小段路，她就受不了刺骨的寒風，決定先回房等我。

陸續有不少人出發，都是成群結隊或兩人搭檔，只有我獨自走著，忽然有種時光倒流的錯覺，好像回到幾天前的 Askja Trail。曾經讀過一篇研究：當一個人擁有穩固的親密關係時，就會比較有勇氣進行冒險與自我挑戰。我一直感到困惑，既然有穩固的關係，不是應該更想好好珍惜、更不願意冒險嗎？直到這幾天，先後經歷獨自一人與老婆陪伴兩種情境，我才逐漸體會到箇中緣由。

沿著小徑爬上 hut 後方的小山，遠遠就看見前方山下確實有一條小溪，有人正走在河中，另一些人則在做準備——由於河流有一定深度，即使穿著 Gore-Tex 高統鞋還是會浸溼，所以要不就換上溯溪鞋（我也準備了一雙，可惜派不上用場），要

不就赤腳渡河。這裡的溪流可不簡單,幾乎都是從冰河溶解而來,所以溫度非常低,更常有汙泥砂石順流而下,就算看起來很淺也不能輕忽,所以每個渡河者都戰戰兢兢、小心翼翼。

　　走回 hut 前經過露營區,發現只剩下一頂帳棚,想必就是那對說中文的瑞典夫妻吧!裡頭靜悄悄的,不知道是不是還在休息?回房一看,才發現老婆正和他們邊泡茶邊聊得不亦樂乎。原來是所有房客都已經離開,加上外頭太冷,所以我們的房間就成為最溫暖、最適合聊天的免費茶坊了。

　　來自瑞典的先生是在臺灣學中文時認識臺灣老婆的,幾年前兩人一起回瑞典工作。夫妻倆都很喜歡大自然,特別向我們推薦瑞典最著名的健行者天堂「King's Trail」,分享了前幾年他們在當地的經歷。聽起來和冰島黑沙漠的「荒涼程度」不相上下,應該很適合我再次練習挑戰「超過負荷」的移動。我則再度搬出沙漠大健行的經歷,建議他們接下來幾天開車繞冰島時,可以順道前往一遊。

　　聊到一半,因為工作人員要進行清掃工作,只好轉移陣地再繼續聊。他們的帳棚和我的是相同廠牌,雖然型號不同,但特點都是內、外帳之間的前庭很寬敞,所以塞了四個人也不嫌擁擠。

　　在長距離健行過程中,午餐多半是在荒野中解決,所以優先考慮是簡單、方便,很少會花時間停下來烹調。我們拿出的是最有臺灣味的牛肉乾及王子麵,他們則是瑞典原住民製作的風乾馴鹿肉及手工雜糧麵包,共通點則是綜合水果乾。趁此機會交換食物,對他們而言是回味,對我們來說則是嘗鮮。

怎麼練習「自找麻煩」？

想要好好學習「移動」，「自找麻煩」可不是隨口說說、隨便做做就可以，若是缺乏正確概念與妥善準備，很可能真的會帶來麻煩！以下提出兩個練習原則供讀者參考。

循序漸進

之所以會特別強調「稍微」超過負荷的移動，其概念來自認知行為治療（CBT）中的「漸進式暴露療法」（Graduated Exposure Therapy），也就是前文所提到「移動距離」的概念。

‧怕上臺報告的學生，可以先從在家對著鏡子練習做起，接著是一對一向熟悉的親友報告，向同組少數幾位同學報告，最後才是正式上臺。

‧怕開雪隧的駕駛，可以先從市區很短的地下道開始練習，練習到「麻痺」、沒感覺以後，再進一步開辛亥隧道這些長一點的，接著可以上北二高連續過幾個較長的隧道，最後才是挑戰雪隧。

因為人的彈性與忍耐力有限度，「稍微」超過負荷的移動是「訓練」，可以透過反覆練習、逐步提高難度而成功移動。但是「過度」超過負荷的移動則成了「揠苗助長」，

不但效果不彰，甚至可能出現壓力太大而放棄的狀況（註）。

「消化」以後的「吸收」、「排出」

做出「自找麻煩」的舉動以後，更重要的是如何「消化」隨之產生的負面感受與情緒，以下列出兩種可行的策略。

・**「吸收」**：過去的觀念傾向認為，憤怒等負面情緒可以透過「宣洩」而達到紓解的效果，然而越來越多近期研究卻發現，宣洩的效果遠不如將這些情緒消化、吸收。所謂的吸收並非一味忍耐或「吞下去」，而是藉由學習調整面對的心態，就如同先前反覆提醒的：負面感受越強烈就越是練習的好機會。各大宗教其實也都有類似的概念：越是對你不好的人，就越是你的菩薩、天使、貴人。當你能學習將心態調整為「吃苦當作吃補」，甚至做到「垃圾回收資源再生」（將負面情緒回收處理，轉化為對自己有正面效果的資源），得到的助益絕對超乎想像！

・**「排出」**：有些情緒與感受可以吸收，有些則可以在消化之後排出，不需要太過

苛求自己。常有個案擔心的問我，自己的某些行為似乎只是「壓抑」，並沒有真的好好處理，這麼做難道不會有問題？我會用一個極端的例子反問他們：當你開車被人追撞，下車理論時發現對方拿著球棒，甚至直接掏槍，難道你會傻呼呼的繼續據理力爭，難道你不會先「壓抑」、先自我保護？在這種狀況下，就算自認倒楣也沒有人會笑你或說你不對，更不至於因為這樣的「壓抑」就造成多嚴重的後續影響。

　　至於在壓抑之後該如何「排出」？我常採取的實用策略，是回想當兵時的強烈負面感受，「比較」之下就會對眼前的負面事件釋懷許多（排出不理會，而非勉強自己吸收）。萬一你真沒有如此負面的過去事件可以比較，除了要恭喜你實在很幸運，也請千萬別忘記，只要撐過眼前這個狀況，將來它就能成為可以比較的「負面範例」了！

註：其實在認知行為治療中，除了「漸進式暴露療法」之外，還有另一種比較激烈的「洪水療法」（flooding therapy）——有懼高症的個案，直接到101頂樓觀景臺訓練；怕蛇的個案，直接到動物園兩棲爬蟲類館參觀。不過這個激烈的方法風險較大，一定要在專業人員督導下進行，否則很容易出現反效果。

旅行筆記

等巴士時，一位年輕人從下一個 hut 走過來（本來我們今天要抵達的 hut，表示他和我們的健行路線正好相反）。我佩服的對他說：他不但是今天第一個抵達的，而且時間還那麼早，表示他的腳程很快。問了沿途的狀況，才知道除了我早上看到的那條溪流之外，還有另一條難度更高的水深及膝，還好我們選擇放棄，否則光是強風低溫就已經令人受不了，真要溯溪還得了！

因為帳棚已經收起來，hut 又正在進行打掃不能進去，所以巴士一抵達我們就衝上去避寒。原本的計畫是回雷克雅維克度過接下來三天，但是問過司機才得知這輛巴士沒有直達，必須在半途轉車，所以便決定順其自然搭到最後一站 Selfoss。至於瑞典夫妻因為要回首都租車，繼續環冰島行程，所以會在半途下車。不過這時候說再見還太早，因為區區 100 公里路，卻得花上 4.5 小時車程，這是為什麼呢？

此地位處深山，而 Álftavatn 則是群山環繞下一個小平原中的小湖泊，因此巴士出發後，必須翻越一座又一座的山脈。前幾天行經那條橫跨沙漠的公路，雖然路況也不好，但至少地勢起伏平緩，這裡則是標準的山間小路，除了路面顛簸，時而吃力的 Z 字形爬坡、時而來一個險降坡，公路的一側是山，另一側是深谷，轉彎時常會出現車屁股懸在半空中的驚險畫面，屢屢引來全車驚呼。

這樣的辛苦是有回報的，沿途司機停車好幾次，讓乘客下車欣賞壯觀的山巒、瀑布、峽谷（順便讓震得發疼的臀部休息）。只不過，我沿途所想的卻都是過去幾天的點點滴滴，因為這次的大冒險即將劃下句點，雖然還有好些天才回國，但已經和「冒險」兩個字完全扯不上關係了。

最值得一提的是，過程中計畫變更之頻繁，遠遠超過先前冰島行的總合，真是把自助旅行的精髓發揮到淋漓盡致——對很多背包客來說並沒有什麼大不了，但是對我的個性而言，卻已經是很大的「移動」了。另一件體會則是關於和老婆的互動，特別是從前幾天獨自一人、轉變為兩人同行的過程——雖然之前也有過先單獨行動、後集合同行的安排，但這次一起進行的是較特殊的旅程，因此感覺格外深刻，這部分同樣也是不小的「移動」。

Hella 雖然是個小鎮，卻是南冰島的重要中繼站，進出山區的巴士幾乎都會在這兒停留或轉車。全車乘客都下車了，只剩下我和老婆陪著司機走最後一段路。從這兒開始就接回環島公路系統，也是每次到冰島都會行經的路（前往 Vik 的必經之地），雖然多了幾分熟悉，胸口卻也同時湧上一鼓愁緒。

「移動」的正確心態

談完移動的概念之後，我要以一個重要的提醒作為總結：移動的關鍵不在「結果」，而在「過程」。

千萬別忘記本章的標題是「自我覺察」，所以訓練自己移動的目的並非只為了「抵達何處」，而是在這個過程中透過體會、感受，來明白真正的自己「位在何處」，接著才能進一步釐清自己「適合位在何處」。這正是之前所提的：在「進行整形」的同時，也能夠清楚自己「真正想要整成什麼樣子」。

關於這個概念，我心目中最理想的教材是「宗教」。每個宗教都有自己的教義，信徒也會以此作為自己的行事準則，然而很常見到的狀況卻是兩種極端：因為無法完全做到，所以產生強烈的罪惡感、愧疚感；最糟糕的則是因為做不到，索性徹底放棄、使壞。

其實，所有的教義都是「目標」、「理想」（100 分），而不是「要求」、「標準」（60 分）；教義存在的目的應該是「激勵」，而不是「苛求」。正如我常提醒過度自我要求者的話：真能無時無刻、完全符合教義要求的，古今往來只有耶穌、佛陀、穆罕默德等區區幾位，要真能做到和他們一樣，你就「不是人」，而是神、佛、仙了！

重點其實在於你有朝向正確位置移動的「意願與努力」，而非「一定要移動到某個位置」，甚至有不少教義（尤其是與「想法」、「念頭」的修正有關的），是任何人終

其一生都不可能完全做到的！將心思放在這些難以企及的「目標」，反而忽略了努力移動的「過程」，絕非任何立意良善的宗教所希望看到的結果。

　　基於類似理由，我對於醫學、商場、科技領域所謂的「成功人士」傳記向來不抱好感，也對推薦這類書籍十分謹慎——真正重要的並非做到「和他們一樣成功」（「抵達何處」），而是在努力向他們效法（移動）的過程中，明白自己「位在何處」，以及「適合位在何處」。

　　若是沒有宗教信仰的人，以「政治」作為練習教材也不錯，原因是臺灣人普遍政治立場鮮明，很容易就能找到支持與反對某一特定「顏色」的論證。搭配上一章「第三階段同理」的口訣：「否定自己、肯定對方」，目的並不是為了讓自己全盤接受對立方的想法（移動的「結果」），而是在過程中釐清、確認、拓展自己的想法（移動的「過程」）。

　　讀到這兒，讀者應該已經發現前文所說的「超過負荷」，其實是「自以為」超過負荷，而非真正超過負荷。緊接而來的疑惑當然就是：「既然如此，怎麼知道自己的極限究竟在哪裡？」認知行為治療中的「漸進式暴露療法」是其中一個解答，另一個更深入的答案請待下回分曉。

旅行筆記

　　Selfoss 是南冰島第一大鎮，人口 6,500 已經可以排進全國前十大了。它離首都只有 50 公里，是逆時針環冰島時一定會經過的地點，也是進入山區前的最大補給站。由於沒有上得了檯面的景點，所以大多數遊客只是路過，很少會特別停留，不過這正是我們會選擇此地「休養生息」的最大原因。

　　向司機詢問鎮上露營區的位置，他在詳細說明以後，熱心的多開一段路送我們到門口。這就是標準的冰島式熱情，雖然表面上看起來很酷、很冷，但常會讓人措手不及的以「行動」來表示友善，是我喜歡的調調。

　　這個露營區規模不小，進門就有一個大草坪當作汽機車露營場地，背包客專用露營場地則獨立於另一側的小湖邊，所以不會受到干擾。雖然有附設民宿可供住宿，但因為老婆想體會在冰島露營的感覺，同時基於經費考量，所以決定今晚先露營，明天再詢問是否有空房。向老闆索取地圖時，順便問了鎮上超市及旅遊資訊，確認冷戰時期西洋棋王 Bobby fischer 的紀念博物館就位於鎮上（出國前看過相關新聞），打算明天租單車四處走走。

　　已經有過兩次經驗的我，選擇了防風樹下的一個好位置，三兩下就輕鬆搭好帳棚。老婆不吝惜的誇讚了我一番（只是「口頭」），讓我感覺頗為自豪。我也第一次發現，靠自己的一雙手「蓋」好晚上要住的「家」，會帶來難以言喻的滿足感，覺得自己「真正像個男人」。搭帳棚時，一隊五人單車團抵達營區開始紮營，每一位都年過六十，心中固然感到佩服，但其實這在冰島可是常見的景象呢！

　　連吃了好幾天的冷凍乾燥食品、泡麵、乾糧以後，我們決定吃速食好好放縱自己。話說冰島至今還沒有麥當勞，卻有八家肯德基爺爺，其中七家位於首都周邊，唯一的例外就是Selfoss這一家。在荒野中待了好幾天，走進人聲鼎沸的現代商店中，感覺還真有點不適應，連點餐這種簡單的互動也有點卡住。直到用餐時看見一對情侶，身上的裝備及骯髒的程度，一眼就分辨得出是剛從山區健行回來，才讓我會心一笑覺得比較自在些。

　　吃過飯回到帳棚裡，洗了幾天以來第一次熱水澡，在晚上9:00的夕陽照耀下回顧這次健行。雖然才剛結束，卻已經感覺很不真實，我甚至還有些擔心：會不會沒多久就忘記在荒野中的日子了？更讓我不安的是，為什麼我沒有強烈的感受與體會？我究竟和出發前的我有什麼不同？

「漸修」與「頓悟」

其實在常見的「逐步移動」之外，還有另一種較少見的移動──「跳躍式移動」。不過這樣的移動方式並不常見，往往是在發生重大負面事件時才有機會出現，比方：天災、戰爭、至親驟逝、罹患不治之症、遭遇嚴重犯罪。在經歷這類絕對屬於「遠超過負荷」的事件後，激發出平日難以想像的潛力，使個人心靈狀態出現突破性的大躍進。如果以較具宗教意涵的字眼來說明，漸進式暴露療法就是「漸修」，而遠超過負荷的狀況就是「頓悟」。前者是循序漸進的潛移默化，後者則是靈光一閃的思想蛻變。

或許有讀者會這麼想：既然有這麼「速成」的移動方式，又何必如此辛苦的緩緩移動？原因在於，雖然「頓悟」看似突然，實際上其概念卻比較接近「滴水穿石」、「壓垮駱駝的最後一根稻草」。若是少了「漸修」的過程，準備得不夠充分，當機會（前述重大事件）來臨之際，出現的恐怕不會是「頓悟」，而是「崩潰」。

如果這樣的概念對你來說太過抽象，以下實例應該會比較容易理解：當發生火災時，一位平時手無縛雞之力的弱女子，為了自救能推動重達數十公斤的木櫃逃生，為了救人能揹起自己體重 2、3 倍的另一半。問題是，這種特殊狀況下的「生理」反應並不能持久，頓悟式的「心理」反應（跳躍式移動）也不例外。

因為即使真的順利頓悟了，也不表示人生就此一帆風順，即使透過自我覺察，移動

到最適合自己的位置，也不表示從此就能安於現狀。更因為，頓悟永遠沒有終點（前文所提的「100 分」），移動也必定不會有所謂最好的位置，否則就不會有以下這些狀況了：

　　‧某甲在○○身居要職，講起道來侃侃而談、助人無數，自詡為天上那一位的「代言人」，但回到家中與小孩相處時卻派不上用場，常以謾罵、爭執、不歡而散作收。

　　‧某乙常參加讀書會，對於經文頗有理解與體會，也常能引經據典勸人「放下」，但是當自己的身體出現異狀時，卻立刻「破功」陷入焦慮、慌亂。

　　‧某丙出國參加靈修活動，數周後感到自己煥然一新、開悟超脫了，但是一回國面臨現實生活壓力，工作沒著落、存款快花光，「修為」立刻往下跌落好幾層。

旅行筆記

此次旅程中最輕鬆的一個清晨，在灑滿草地的陽光中醒來，不過走出帳棚還是滿冷的。到專供露營者使用的廚房搜括了兩顆雞蛋，做成了好久沒吃的荷包蛋，再悠閒享用也是搜括而來的咖啡。研究了附近的地圖之後，決定到 Selfoss 南方海岸線上的兩個小鎮走走，距離只有 10 公里出頭，腳踏車是最好的選擇。

訂好今晚的住宿及明天的早餐 buffet 以後，我們就騎上單車往南前進。出了鎮中心便是一條筆直向前延伸的道路，兩旁則是一望無際的草地，除了牛、羊、冰島馬之外，還有許多白色「棉花糖」（註）。這景象完全符合我記憶中的冰島農村，既平靜又溫馨，跟沙漠、山區的原始與充滿未知形成強烈對比，一時間還真讓人難以適應，不知該用什麼心境去面對。

一隻黑色拉布拉多熱情的從農田裡跑出來，邊搖尾巴邊追著我們跑了一段路，主人氣憤的跟在後面邊喊邊追趕。眼看那氣勢很嚇人，本來還刻意放慢速度逗著拉拉玩，轉為趕緊加快腳步離開現場。

騎到公路最南端以後，道路分成左右兩條，左轉（東方）是人口 488 的 Stokkseyri，右轉（西方）則是人口 544 的 Eyrarbakki，規模都小得可憐，相距也只有區區 4 公里，所以常常被當作「雙子鎮」那般提起。

我們先前往 Stokkseyri，以藝術家的工作室及藝廊聞名，只不過他們的作息可能過中午才會起床，所以沒見到一家開門。鎮上最有名的景點是「鬼屋」（The Ghost Centre），有 24 間黑暗的房間可供探險，還能同時戴上耳機聆聽鬼故事（在冰島最不缺乏的故事型態）。不過因為老婆沒興趣，所以我們只在鎮上繞一圈（完全沒見到任何一個人影或鬼影），就進入加油站附設小超市稍作休息。

這是鎮上唯一的超市（甚至根本是全鎮唯一的「商店」），所以雖然店面很小，

生活用品卻樣樣不缺。我們點了冰淇淋加熱咖啡（冰島人的標準點心搭配），坐在店內陪店員發呆。過程中陸續有幾位顧客上門，似乎都是熟客（人口不到 500，想不熟也很難），總會聊上幾句，也幾乎不例外的都會買可口可樂（冰島的國民飲料）。

這一直是我在自助旅行過程中最喜歡的時刻，可以化身為「旁觀者」，體會小鎮居民的生活與互動，興致來時順

　　便思考一番，就算只是安安靜靜的坐在一旁也會感覺很滿足。老婆比我還喜歡（並且擅長）發呆，兩個人不發一語，比獨自一人的時候多了幾分幸福感。

　　本來心想 Eyrarbakki 人口較多，應該會有規模大一點的超市販賣熱食，所以就沒有在此用午餐（炸雞、漢堡、披薩都有），抵達後才發現它竟然連超市也沒有。令人難以想像的是，過去它曾經是冰島最熱鬧的貿易港口呢！至今只剩下一些歷史建築（其實也不過是一百年歷史），供遊客憑弔當年的風光，或者站在堤防上眺望大西洋，遙想當年的海運盛況。

　　鎮上確實有餐廳，不過看價格顯然是專門服務「貴客」，所以我們還是回Selfoss，找了鎮郊一家美式漢堡店用餐。僅有的一位店員，打扮就像標準的美國青少年，邊工作嘴裡邊跟著廣播哼唱英文流行歌曲。剛離開寧靜的冰島農村，立刻就接受美式文化由外到內的洗禮，這樣的「移動」所帶來的衝擊真是不可小覷。

註：冰島農夫會在夏季頻繁割草，並將之包裹在白色帆布內，用機器捲成一捆捆圓柱狀以利保存，待冬季植物難以生長時供牲口食用。

不只是整形，而是「心靈易容術」——
中庸之道

　　僅僅學會「移動」，還不能算是最深層的心靈整形，我們需要進一步學習更困難的「心靈易容術」。如果不要刻意這麼「灑狗血」，其實也可以用「中庸之道」這個詞，只是似乎又有點太過正經八百了……。

　　之所以會稱為「易容」，原因在於移動並沒有「終點」，而是需要因人、時、地制宜。因此，心靈整形不會像身體整形那樣，很容易出現撞臉、撞胸的尷尬狀況，但是相對的，也就需要持續努力不懈的進行，不能滿足於固定的樣子（移動後的「位置」）。

　　關於中庸的概念，讀者可以輕易從各種管道獲得資訊，因此我將討論重點放在我對它的衍申——「質」的中庸、「量」的中庸兩方面。

「質」的中庸

　　主要運用於從「個人」角度切入。延續前文「找自己麻煩」的概念，補充澄清兩個概念：

　　　·中庸並不等於「位在中央」，否則就成了「缺乏彈性」。因為對於個人而言，中

庸的關鍵並不在於「絕對位置」，而是「相對位置」。對於本性極度內向害羞的人而言，中庸的位置顯然和本性極度外向活潑的人不一樣，也不表示一定要調整到恰好在內、外向「正中間」的個性。對於宅男、宅女來說，中庸的活動絕對不會和熱愛戶外活動者相同，更不表示要剛好安排一半室內、一半室外的活動。

　　．中庸並不表示「不能移動」，否則就成了「不知變通」。因為對個人而言，中庸的關鍵並不在於移動的「目標」，而是在於「意圖」。「找自己麻煩」固然有其必要性，也是心靈整形的重要步驟，但這並不表示隨時都得這麼做。當身心狀況欠佳、現實條件不允許時，若還是堅持找自己麻煩，整形失敗的可能性恐怕很高（如果我能完成這次大冒險，對心靈整形一定會有更大助益，但是在身體與天候狀況不佳之際，不見得有必要這麼堅持）。即使已經移動到新的位置，也不表示連「偶爾」回去本來的位置、緬懷過往都不行（即使我已經學會習慣露營的不便，也不表示以後就再也不能夠回頭住舒服的旅館）。

「量」的中庸

　　主要運用於從「群體」角度切入。當我們從自己的角度看待群體中的現象時，難免會習慣於套用自己的價值觀，進而產生「好」、「惡」的感受。若是「好」還不至於產

生太大影響，但若是「惡」則很容易造成我們與之面對、互動時的強烈反應，進而導致自己的困擾或實質負面影響。

之所以會稱為「量」，是基於「平均分布」的概念，特別是針對沒有優劣之別的特質：急驚風與慢郎中並沒有絕對的優劣之別，但若是身為急驚風的你，小孩偏偏是個慢郎中，唯有認知到群體中「量」的中庸，才能減少不必要的氣憤，進而改善親子互動。未雨綢繆及樂天知命固然沒有絕對的好壞，但如果你是前者，而另一半卻是後者，那麼你一定要了解群體中「量」的中庸，才能妥善處理兩人對未來的規劃與安排。

再往深一層談，就算是面對有優劣之別的特質，我們也有必要學習從「量」的中庸概念來看：就是會有人比較沒有公德心、比較不守法，就是會有人比較沒有道德感、比較會犯罪，而且不管是如何先進的國家、社會，仍無法避免這樣的現象（「整合理論」的「位階」概念）。藉由理解群體中「量」的中庸概念，能讓我們減少憤世嫉俗的心態，也才能讓自己在面對、目睹這類現象時，不至於受到太大的負面情緒衝擊。

旅行筆記

回到鎮中心立刻受到震慄，既不是假日，也還沒到下班時間，街上哪來這麼多車？雖說這條大街是環冰島公路的一部分，車子本來就不算少，但是在冰島想要目睹「塞車」的景象可沒那麼容易！

即使是在這樣一個小鎮，我還是依循習慣前往書店一探。雖然就位在車流不息的主要幹道邊，走進店內卻如同進入另一個世界，小小的店面、為數不多的書櫃、幾張小桌子、提供簡單的茶飲，氣氛寧靜而溫馨、緩慢而閒適。我買了最近一期的《Icelandic Times》雜誌，當作給自己的紀念品。

離大馬路不到 200 公尺就是流經 Selfoss 的 Ölfusá，它並不是太有名的河流，唯一值得一提的，或許是長度雖然只有 25 公里，卻是冰島流量最大的河流（每秒 373 立方公尺）。流經 Selfoss 時河寬只有 25 公尺，但是流到南方出海口時，河面卻達到驚人的 5 公里寬！從河岸看去一點也不覺得它有多洶湧，在午後陽光的照耀下，水流看起來平和而慵懶，水面的藍也是這次在冰島難得一見的色調。除了我們之外，沒有其他人走在河畔步道，與方才熙來攘往的道路形成強烈對比。

回到民宿 check in，才發現一晚 14,950ISK 的中低價位，竟然是住在獨棟小木屋！雖然房間不大，但是除了三張床位之外，還有小廚房和餐桌，這麼一來今晚就可以大展身手了！每次到冰島至少都會進行一次「烹飪教室」，雖然這次烹調了好多餐，卻都是克難式的，今天終於可以好好煮頓飯了。

除了到超市採買，旅程中沿途採購卻還沒用完的食材，也正好趁此機會善加利用。南瓜奶油濃湯燉菜心、煙燻鮭魚、辣白豆燉飯、水煮花椰菜及小蘑菇，只花了半小時就全部搞定，擺上桌色香味俱全。不過鮭魚依舊過鹹，這似乎是難以避免的問題，因為冰島超市根本沒有販售新鮮的魚產（都外銷了），只能買到煙燻過的。無妨，小小的缺憾並不影響這完美的一天。

中庸之道與整合理論

　　將「中庸之道」與「整合理論」做結合，將會得到最好的心靈整形成果。我會從中庸與位階（Levels）、面向（Lines）、象限（Quadrants）的關係切入，舉三個人生層面的例子來說明。結論只有簡單一句話：「不可能只要是『好』的就全部照做。」

健康的生活

　　· 飲食習慣：如果真要追求健康，理論上應該每餐、每天都吃有機無毒食物，而且所有「不健康」的油炸、高熱量、含添加物食品一概都不能碰。然而，這明顯忽略了右下象限的經濟考量（試著依上述標準吃，你會被每個月「食」的花費嚇一大跳），也沒有顧慮到左上象限的個人情緒考量（每餐都這麼吃，每天都這麼克制，只要一餐沒吃到就緊張自己吸收了多少「毒素」，只要吃一塊蛋糕、喝一杯奶茶就充滿罪惡感，想想這樣的人生會有多無趣，壓力又會有多大），更可能造成左下象限的社交出問題（為了配合你的飲食需求，親友聚餐時會有多麻煩）。

　　· 生活作息：每天應該都要早睡早起，尤其是中醫所提醒，晚上 11:00 到凌晨 1:00「肝」的休息時間，一定要躺在床上睡覺。所以，絕對不能跨年、不能熬夜，更不能夜

遊（其實這正是我大學時期的寫照），以及絕對不能做小夜班、大夜班工作。這麼一來，對人際關係可能產生的影響，對「生活情趣」可能造成的干擾，對職業選擇可能帶來的侷限，自不用多言。

‧**運動健身**：讀到「慢跑」對身體很好的書，就不顧自己的身體狀況照單全收；看到明星們的「○○線」很迷人，就拚命跟風參加健身；看到 70 歲老先生逢人便說自己爬山爬了五十年，身體才會這麼硬朗，就不管自己的年紀比照辦理。殊不知，再怎麼「好」的運動也不可能適合每個人，若是輕忽了個體差異（整合理論中的「面向」）、年紀因素（整合理論中的「位階」），運動對你可能反而是弊多於利！

人生的選擇

‧**職業**：絕對沒有所謂「最好」的職業，只有「最適合」自己的職業。而所謂的適合，則是將整合理論的四個象限通盤考量之後，所得到的最終結果。以我的經驗為例，待在醫院肯定是前途與「錢途」最有保障的選擇，但因為我很清楚自己的罩門，尤其是受不了一個診動輒五、六十位病患的看診模式，因此選擇自行開業保持看診品質，然而必須承擔的就是盈虧自負帶來的焦慮感、人際關係更為缺乏的疏離感等問題（兩者其實也都是我的罩門）。

‧**婚姻**：看過諸多「一入豪門深似海」的例子，大家應該不難體會婚姻關係中，整合理論所扮演的角色有多重要。門診中為了老公挨刀整形，卻失望更大的個案，則讓我對此有更深刻的感觸。有錢當然「好」，人長得帥、美當然「好」，家世顯赫當然「好」，但並不表示全部都要得到才會幸福，否則就不會有美女嫁醜男、帥哥配平庸妹、博士老

婆與黑手老公這些組合了。

‧**冒險**：安然度過每一天固然能享有平凡的幸福，但終究少了點樂趣，也不符合心靈整形中的「移動」概念。然而，若是每次的移動距離都很驚人，甚至都超過自己的負荷，這又違背了「中庸」的概念。適度的調配安逸與冒險，找到最適合自己的「位置」（生活方式），是每個人都得學習的人生功課。這也就是我為什麼會選擇冰島、格陵蘭這些看似偏遠又充滿不確定的國家，進行旅遊、探險、心靈整形的原因——刺激夠、挑戰夠，但是很安全、死不了。

子女的養育

‧**飲食**：從出生開始每一餐都講求衛生、健康難道不對？會造成什麼問題嗎？右上象限：只要喝到生水、吃到不夠新鮮的食物就會腹瀉發燒，你覺得這樣的小孩有辦法出外旅遊，甚至冒險嗎？左下象限：雞排、麥當勞不能吃，奶茶、含糖飲料不能喝，你覺得這樣的小孩能交到幾個朋友？

‧**環境**：先進國家孩童的過敏比率節節高升，已有不少科學家認為與成長環境「過度乾淨」脫不了關係！所以，除非你有把握讓小孩一輩子活在隔絕的環境中，否則最好參考冰島人的做法——接觸大自然，「順其自然」讓小孩把自己弄髒。

‧**家教**：在診間中，只要有家長抱怨自己的小孩太過活潑、太有主見，我就會毫不保留的恭喜他們。因為，乖巧聽話、從不反抗、主動認真的小孩，雖然看似比較好帶，但長大以後帶給父母的煩惱不見得會比較少！翻回第一章看看我的親身經歷就知道了，要不是多年來持續進行「心靈整形」，現在的我會變成什麼樣子，還真是不敢想像！

自我覺察──全身整形手術

心靈整形 DIY

旅行筆記

在冰島的最後一個整天，我們將會回首都雷克雅維克度過。一早起床就到車輛露營區散步，邊呼吸新鮮空氣邊觀察五顏六色的帳棚。除了各式各樣的露營車，還見識到帳棚界的豪宅，不但客廳、廚房、臥房、衛浴樣樣具備，甚至還有專門停放娃娃車的小房子！

1,300ISK 的早餐價格很公道，至於內容就不用太期待了，不過話説回來，這應該是本民宿唯一會被我扣分之處。為了趕 9:00 的巴士，我們快速用過早餐就前往候車。前幾次往來南方海岸線都是搭乘專門服務遊客的巴士，價格很不親民，這次有了在米湖的經驗，學會可以搭乘當地人專用的小黃巴士，再度省下近半費用。唯一的麻煩是沒有直達市中心 BSI，得在市郊的轉運站轉乘市內巴士，但是因為不需要額外付費（持票根就能換車），又能近距離觀察當地民眾的生活，所以我們甘之如飴。

抵達 BSI 以後就是我的地盤了，就算閉著眼睛走都不用擔心迷路。老婆先到 BSI 領回寄放六天的行李，當時只付了兩天費用，結果工作人員竟然告訴我們多出來的四天不用補繳（懶得收？怕麻煩？），真是讓我越來越愛冰島了。

把行李寄放到今晚入住的老朋友 Salvation Army Guesthouse 以後，就由我擔任導遊的角色，帶領老婆進行市區半日遊，希望能提高她對冰島的喜愛（下次才會再陪我來）。2009 年她第一次來時，國家展演中心 HARPA 還沒蓋好，一見到那面舉世聞名的玻璃窗牆，果然如我所料的讚嘆連連。「The Sea Baron」的炭烤海鮮料理，不油不膩又充滿海洋的新鮮風味，招牌「龍蝦尾湯」最適合在低溫冷風中享用。吃完以後身心都溫暖起來，回民宿 check in 睡午覺，真是再好不過的安排了！

在冰島的最後一晚，老婆依舊很快就睡了，而我卻遲遲難以成眠。或許是因為隱約「預知」到很久以後才會再來，也或許是因為前幾次都是獨自一個人離開冰島，所以不太習慣。

心靈整形最高境界——整於無形、預知未來

隨著冰島大冒險即將劃下句點，心靈整形也將邁入最後階段，所以要討論兩個比較困難，甚至有點「玄」的主題。

整於無形

心靈整形的最高境界，應該要做到「你看起來還是本來的你，但是卻散發出截然不同的氣質」。從旁人的角度看你，乍看之下似乎沒什麼改變，甚至連言談舉止、情緒反應、行為模式也沒有明顯差別，但卻能感覺到你已經不是從前的你了，唯有進一步深入互動後，才會發現究竟差別何在。雖然有些不好意思，但還是以我的經歷做說明（這並不表示我已經達到這個境界，只是因為談過很多自己的狀況，會比較容易理解）：

‧**從小孤僻，並曾因此影響自己的人際關係**。經過幾年的心靈整形，嘗試移動到不同的位置之後，體認到這確實是最適合（目前的）我的位置，不再「只能」孤僻，而是可以在該合群時合群，該獨處時獨處。我最自豪的是：雖然絕少與老朋友、老同事聯絡，吃飯應酬就更別提了，但是我有把握，如果哪天有需要，還是能夠找到願意幫忙自己、為自己兩肋插刀的朋友，因為我也是這樣對待別人的。

．從小龜毛，也曾因此給自己帶來不少麻煩。經過幾年的心靈整形，我還是一樣龜毛難搞（老婆最清楚了），但是卻不再「只能」龜毛，而是在有條件、有資格龜毛時就毫不客氣的讓自己變得很難搞，而外在環境若是不允許，也能溫馴、配合得像隻小綿羊。也因此，不了解我的人、沒見過我每一面的人，很可能會陷入錯誤的判斷。

．從小悲觀，總是因此使自己既緊張又憂鬱。經過幾年的心靈整形，特別是經過整合理論的「加持」，雖然我依然悲觀（關於這一點還是有很多人不相信），但卻能悲觀得有「建設性」，而不再只是「窮悲觀」。意思就是在心境悲觀的同時，還能做好迎戰各項最壞可能的準備，而非一感到悲觀就全身無力、腦袋混亂。

．**從小壓抑，遇到事情總習慣「吞下去」，累積到一個程度就容易內傷（有些人則是對外爆發）**。經過幾年的心靈整形，並不意謂我變成一個不壓抑的人，而是在該壓抑時壓抑（但是可以把握機會進行「自我覺察」訓練），不該壓抑時則學習表達情緒（雖然這樣的機會還是很少，因為我很清楚自己的「位置」）。

總而言之，我還是一樣的孤僻、龜毛、悲觀，但卻是經過「選擇」而「有意識」的，因此不但能恰到好處、恰如其份的孤僻、龜毛、悲觀，甚至有時候還會故意讓自己陷入那樣的狀態，藉以體會及自我訓練（上一章的「找自己麻煩」）。如果要

用一句話來形容，「見山又是山」應該是再恰當不過了。

預知未來

　　好吧！其實沒有你所想的那麼誇張，這裡所謂的預知對象並不是「事件」，而是你的「情緒」、「反應」。不少專家都提過這樣的概念：面對外在事件時，人很容易陷入「後知後覺」或「不知不覺」的窘境——罵完人、發完脾氣、砸完桌子，等事情已經鬧大了，才發現自己怎麼會做出這麼誇張的事，甚至已經滿身是傷還渾然不覺得痛。若是經過足夠的自我覺察（心靈整形第三步驟），就能慢慢學會「當知當覺」——在事發當下很快察覺到，進而減少失控的持續時間及嚴重程度。最高境界則是「先知先覺」——當心境一產生些微變化就察覺到，所以一切都只發生在腦中，還沒轉化為表情、行動就已經處理完畢，當然也就不會有後續的諸多狀況。

　　發生好事固然很好，就算發生了壞事，還是能有把握處理得好，甚至從中學習到許多（心靈整形第二步驟），長遠來看，其實比發生好事更好！也就是說，不管發生什麼事，對你來說都不會是壞事，差別只是「多好」的好事罷了。既然無論如何都能預測到會發生好事，從某個角度來看，其實與「預知未來」不就已經很接近了？

旅行筆記

為了調整旅行結束時的心情，我們依慣例前往歐陸待兩晚，再轉機回臺灣，這次選上的城市是德國法蘭克福。本來只想無所事事的度過這兩天，沒想到剛抵達就遇上大事。

晚上 9:00 才從機場搭地鐵抵達中央車站，前往下榻民宿的途中，竟發現前方拉起黃布條把路擋住了，還有幾十位員警神情緊繃的來回巡邏盤查。本來以為是發生重大刑案，結果一位男警語帶曖昧的告訴我們「只是例行臨檢」，但是一問多久才會開放通行，答案卻是好幾個小時。偏偏我們訂的民宿就位在警戒區域內，也屬於禁止通行的範圍！難道這表示我們要等到半夜才能入住？太離譜了吧！

老婆「盧」了他們抱怨一會兒，幾位員警又交頭接耳了一陣子，才由一位女警帶著我們通過這片區域。沿途氣氛肅殺，好幾輛警車把街道完全封住，員警以兩三

名一組，圍著好些看起來面相不善者一一盤查。Check in 時問了工作人員才知道，這附近是法蘭克福著名的紅燈區，所以「偶爾」會有類似今晚這樣的大規模清查。多偶爾？大約每隔一年多會有一次，怎麼就讓我遇到了！我果然還是楣運不斷。我甚至可以篤定的「預知」，如果今天是我自己來，肯定進不了民宿！

　　事後才得知，老婆早就知道這裡是紅燈區，那為什麼還要訂這家民宿？氣死我了！這次旅行中的「自找麻煩」已經夠多了，為什麼還要幫我一把！

　　還好，第二天早上的 Städel Museum 藝術博物館之旅，稍稍撫平了我的傷痛。雖然鎮館之寶「Goethe in the Roman Campagna」這幅畫，坦白說我連畫家的名字都沒聽過，但光是親眼欣賞到我喜愛的維梅爾（Johannes Vermeer）、盧梭（Henri Julien Félix Rousseau）的幾幅真跡，就足以讓我心滿意足、心甘情願的結束這段旅程。荒野中恐懼、敬畏、期待、失落等諸多情緒所交織而成的複雜感受，似乎也隨之遠離了。

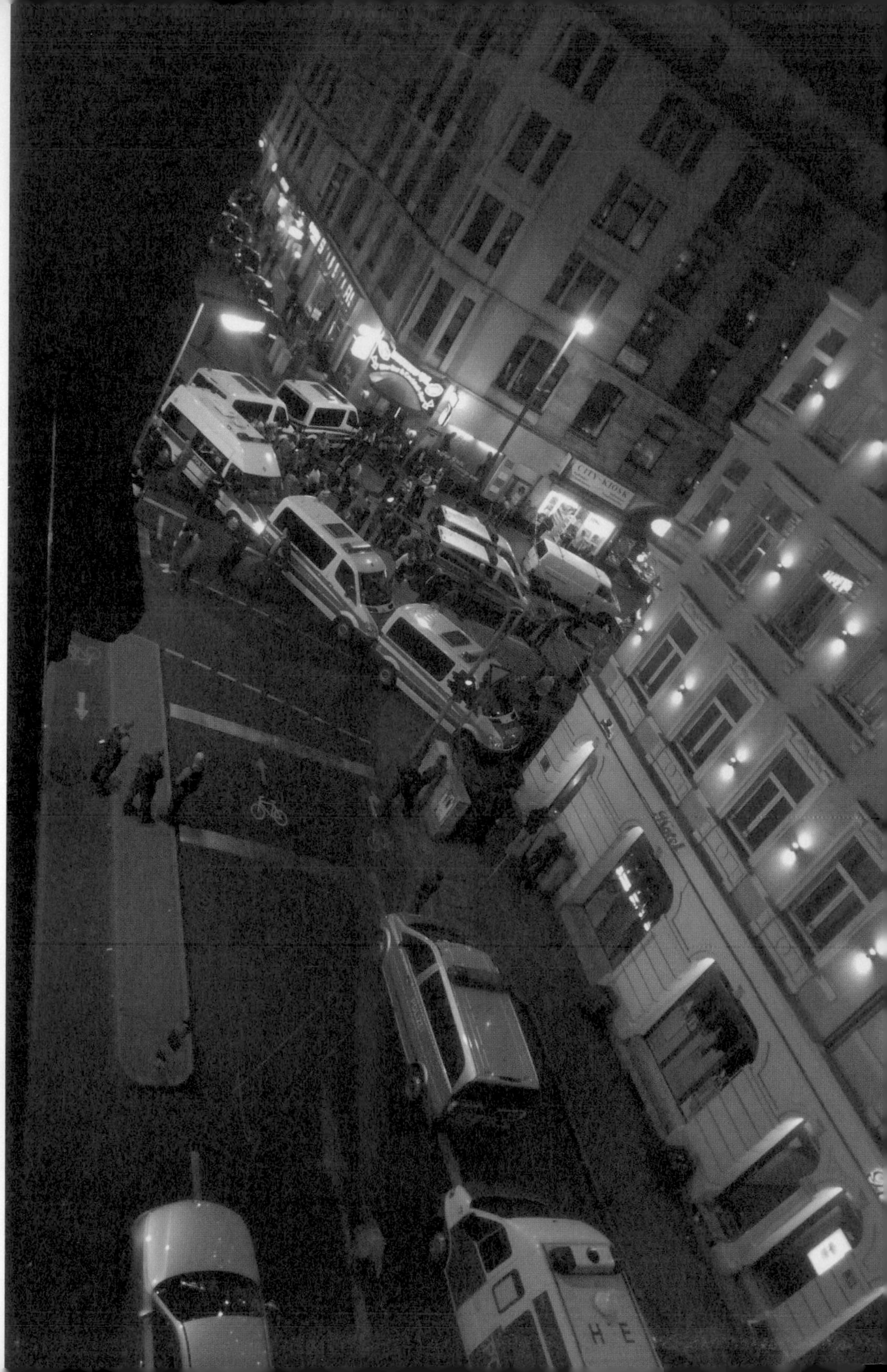
CITY-KIOSK
Hotel

最後的提醒

　　有道是：讀萬卷書不如行萬里路，行萬里路不如閱人無數，閱人無數不如名師指路，名師指路不如自己去悟。書看完以後，終究還是得靠自己身體力行、親身體悟，才能進行「心靈整形」，而這也是它與身體整形最大的不同之一：無法靠別人幫你整，一定得自己來。

　　然而根據我的親身經驗，針對本書所提到的這些概念，很多人會以一句「知易行難」就打發、放棄，連試也不願意試。我總會這麼告訴他們：「難」和「不可能」有很大的差別，而且很多時候唯有先透過「強迫」自己行動（註），才能回過頭來帶動想法、心態的改變，進而提高自己的意願，帶來良性循環。若每次都想等到自己「心甘情願」才行動，那一天恐怕會遙遙無期！

　　關於心靈整形最後，卻也最重要的提醒是：急不得！關於「心靈速食主義」的諸多謬誤，在拙作《揭開《祕密》背後的祕密》（華成 2013 出版）一書中已有詳述，有興趣的讀者請自行參閱。

註：意思就是不管三七二十一，先動手「整」了再說，這也是「心靈整形」與「身體整形」的另一
　　個重要差別。

後記＆感謝

回臺灣的飛機上，老婆問我：「接下來這幾年能不能不要再到冰島了？」

我腦中浮現電影「鋼鐵人 3」的最後一幕：男主角為了表達對女主角的真心，親手摧毀、徹底放棄了對他來說最重要，甚至代表人生意義的鋼鐵盔甲。雖然冰島對我的意義還不至於重要到那種程度，但已經相去不遠了。

「好啊！」我毫不猶豫、故作輕鬆的回答，心中卻在淌血。不過我也心知肚明，這是人生必經的過程，更是心靈整形不可或缺的一部分。

本書是「冰島三部曲」的最後一部。第一部僅拋出幾個概念，讓讀者先做「暖身」，第二部是我思想架構體系的完整呈現，因此讀起來難度最高，第三部則是「實用手冊」，需要在生活中加以印證、練習。

雖然還有很多想說的，但接下來我會休息一段時間。期待下次再相會，至於會用何種面貌與大家見面，照慣例還是先賣個關子。

話說回來，明眼人都看得出來，鋼鐵人不太可能只拍三集，鋼鐵盔甲也不是不能再重新製造，接下來就不多說了。

本書是冰島三部曲中，書寫過程最辛苦的一本，能夠順利完成，除了老婆之外（沒有她根本就不會有這三部曲），還要感謝三位朋友：

· Helga Lif：米湖的隨車導遊，她花了快一個月時間，終於在 Facebook 茫茫網海中聯絡到我，本書前半段有很多資訊是來自她的熱心提供。讓我訝異的是，遇到她的 2013 年暑假，竟然是她第一次擔任這份工作！

Thank you so much. It's my pleasure to meet you in Iceland. You provided me many useful and important information from local view, and then makes this book better.

· 黃師傅：不是黃飛鴻師傅，而是我每周都會去報到一次的視障按摩師傅。本書有許多內容與想法，是在按摩過程中靈光一現冒出來的。

你認真、投入的工作態度，一直讓我深深感動，只是從來沒有機會當面告訴你。

· 哲青：沒錯，就是那位大家都認識的名人。寫到最後一章時，我陷入嚴重瓶頸，開始質疑自己做這些事究竟是為了什麼？會不會只是精衛填海、緣木求魚，再怎麼努力想改變世界，也不過是痴人說夢罷了？因緣際會認識了哲青，還承蒙肯定上了他的廣播節目，讓我重燃希望，也才能堅持到最後。

除了感謝，還是感謝，其他的話就以實際行動來表明了。

國家圖書館出版品預行編目資料

心靈整形 DIY——走出舒適圈，冰島大冒險 /
賴仕涵文．攝影．-- 初版．--
臺北市：華成圖書，2014.09
　面；　公分．--（閱讀系列；C0338）
ISBN 978-986-192-220-1（平裝）

1. 人生哲學 2. 修身

191.9　　　　　　　　　　　　　103013984

閱讀系列　C0338

心靈整形DIY—走出舒適圈，冰島大冒險

作　　者／賴仕涵

出版發行　[華杏出版機構]
　　　　　華成圖書出版股份有限公司
　　　　　www.farreaching.com.tw
　　　　　台北市10059新生南路一段50-2號7樓
　　　　　戶　　名　華成圖書出版股份有限公司
　　　　　郵政劃撥　19590886
　　　　　e-mail　huacheng@farseeing.com.tw
　　　　　電　　話　02-23921167
　　　　　傳　　真　02-23225455
　　　　　華杏網址　www.farseeing.com.tw
　　　　　e-mail　fars@ms6.hinet.net
　　　　　華成創辦人　　　郭麗群
　　　　　發 行 人　　　　蕭聿雯
　　　　　總 經 理　　　　熊芸
　　　　　法律顧問　　　　蕭雄淋・陳淑貞

　　　　　總 編 輯　　　　周慧琍
　　　　　企劃主編　　　　蔡承恩
　　　　　企劃編輯　　　　林逸叡
　　　　　執行編輯　　　　張靜怡
　　　　　美術設計　　　　林亞楠
　　　　　印務主任　　　　蔡佩欣

定　　價／以封底定價為準
出版印刷／2014年9月初版1刷

總 經 銷／知己圖書股份有限公司
　　　　　台中市工業區30路1號　　電話 04-23595819　　傳真 04-23597123

☺讀者回函卡

謝謝您購買此書，為了加強對讀者的服務，請詳細填寫本回函卡，寄回給我們（免貼郵票）或
E-mail至huacheng@farseeing.com.tw給予建議，您即可不定期收到本公司的出版訊息！

您所購買的書名/_____　購買書店名/_____

您的姓名/_____　聯絡電話/_____

您的性別/□男　□女　　　您的生日/西元_____年____月____日

您的通訊地址/□□□□_____

您的電子郵件信箱/_____

您的職業/□學生　□軍公教　□金融　□服務　□資訊　□製造　□自由　□傳播
　　　　　□農漁牧　□家管　□退休　□其他

您的學歷/□國中（含以下）　□高中（職）　□大學（大專）　□研究所（含以上）

您從何處得知本書訊息/（可複選）

□書店　□網路　□報紙　□雜誌　□電視　□廣播　□他人推薦　□其他

您經常的購書習慣/（可複選）

□書店購買　□網路購書　□傳真訂購　□郵政劃撥　□其他_____

您覺得本書價格/□合理　□偏高　□便宜

您對本書的評價（請填代號/ 1.非常滿意 2.滿意 3.尚可 4.不滿意 5.非常不滿意）

封面設計_____　版面編排_____　書名_____　內容_____　文筆_____

您對於讀完本書後感到/□收穫很大　□有點小收穫　□沒有收穫

您會推薦本書給別人嗎/□會　□不會　□不一定

您希望閱讀到什麼類型的書籍/_____

您對本書及我們的建議/

☺ 本公司為求提升品質特別設計這份「讀者回函卡」，懇請惠予意見，幫助我們更上一層樓。感謝您的支持與愛護！

www.farreaching.com.tw　　請將　C0338　「讀者回函卡」寄回或傳真 (02) 2394-9913